新 俳句・季語事典④

冬・新年の季語入門

山田みづえ 監修

石田郷子◆著

山《やま》眠《ねむ》るまばゆき鳥《とり》を放《はな》ちては

山田《やまだ》みづえ

雪《ゆき》だるま星《ほし》のおしや《ゃ》べりぺちや《ゃ》くちや《ゃ》と

松本《まつもと》たかし

海《うみ》に出《で》て木枯《こがらし》帰《かえ》るところなし

山口《やまぐち》誓子《せいし》

水《みず》枕《まくら》ガバリと寒《さむ》い海《うみ》がある

西東三鬼《さいとうさんき》

去年《こぞ》今年《ことし》貫《つらぬ》く棒《ぼう》の如《ごと》きもの

高《たか》浜《はま》虚《きょ》子《し》

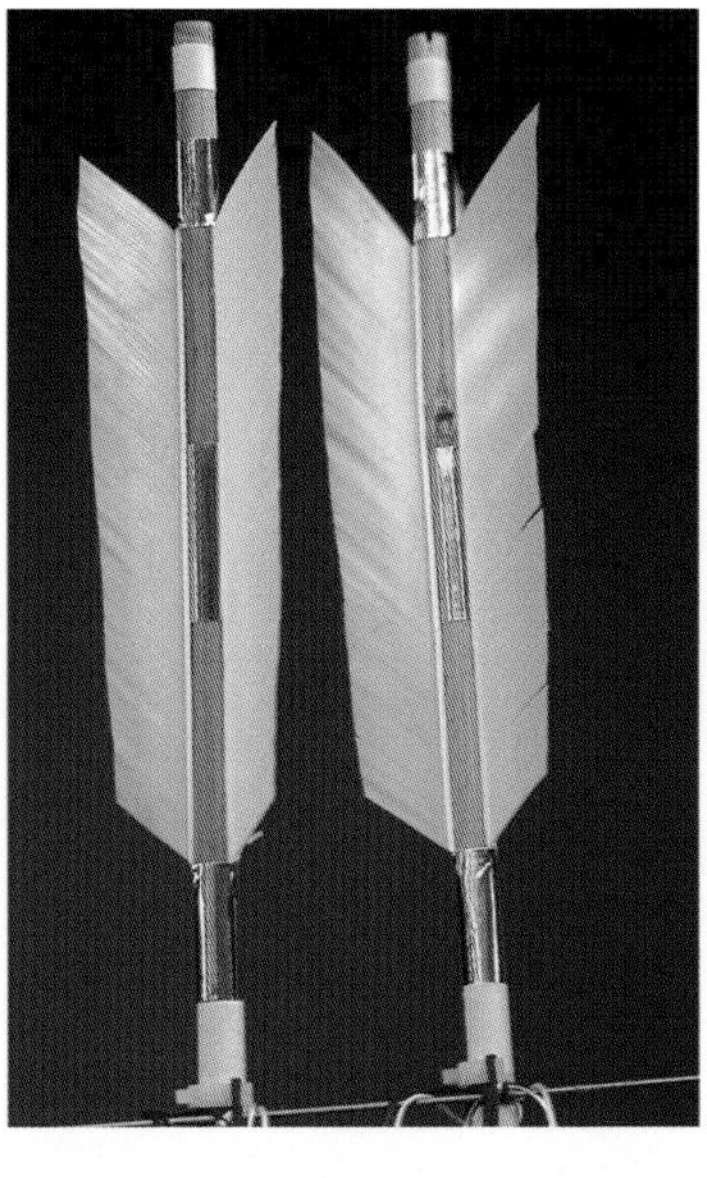

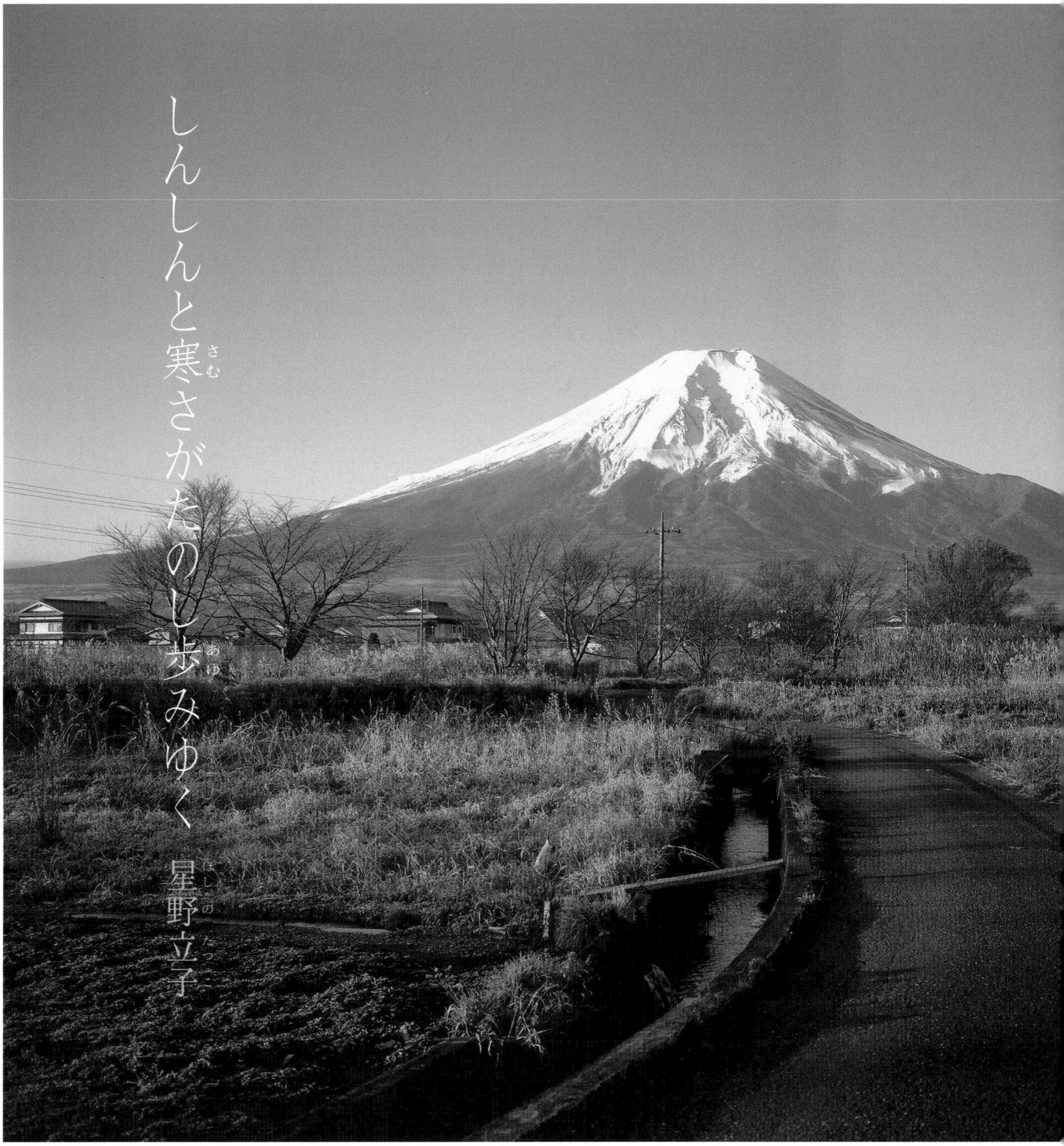
しんしんと寒《さむ》さがたのし歩《あゆ》みゆく
星野《ほしの》立子《たつこ》

冬・新年の季語入門

もくじ

〔協力〕内堀写真事務所・福田一美／白河天文台／俳人協会刊『学校教育と俳句』／俳人協会主催「夏休み親子俳句教室」／大分県「豊っ子の会」／「ぐろっけ」「航標」「天為」「天穹」子ども俳句欄／広島県五日市観音西小学校

監修《かんしゅう》のことば

”子《こ》どもの歳時記《さいじき》“に祝福《しゅくふく》を

――山田《やまだ》みづえ

子《こ》どものための『季語事典《きごじてん》』！

この書《しょ》が、日本《にっぽん》の子《こ》ども達《たち》にとって、生《う》まれてはじめて出会《であ》う歳時記《さいじき》になるかもしれないという誇《ほこ》りと自負《じふ》を覚《おぼ》えます。そして、慈愛《じあい》のまなざしを湛《たた》えて、子《こ》ども達《たち》のもとに送《おく》り出《だ》したいと思《おも》います。

昔々《むかしむかし》、ちょっと取《と》り付《つ》き難《がた》い思《おも》いで、大人《おとな》の歳時記《さいじき》を操《く》ったことをなつかしく感《かん》じながら、この『季語事典《きごじてん》』に出会《であ》う皆《みな》さんに祝福《しゅくふく》を捧《ささ》げます。

日本語《にほんご》の良《よ》さ、俳句《はいく》の親《した》しさ、日本《にほん》の四季《しき》のよろしさを充分《じゅうぶん》に楽《たの》しんでください。

著者《ちょしゃ》のことば

この本《ほん》の特徴《とくちょう》――凡例《はんれい》に代《か》えて――

石田郷子《いしだきょうこ》

『新《しん》 俳句《はいく》・季語事典《きごじてん》』は、広《ひろ》く小学生《しょうがくせい》から中学生《ちゅうがくせい》のみなさんに俳句《はいく》に親《した》しんでいただくつもりで書《か》きました。

現在《げんざい》、歳時記《さいじき》(俳句《はいく》の季語集《きごしゅう》)に収《おさ》められている季語《きご》は五千《ごせん》ほどですが、この本《ほん》では、みなさんの生活《せいかつ》のなかで実際《じっさい》に見《み》ることができるもの、体験《たいけん》できるものを中心《ちゅうしん》に選《えら》びました。

また、なかなかふれる機会《きかい》のないものでも、知《し》っておいていただきたいと思《おも》った季語《きご》は残《のこ》しました。

この本《ほん》で取《と》り上《あ》げた俳句《はいく》は、既刊《きかん》の歳時記《さいじき》、アンソロジーなどから引用《いんよう》させていただきました。また、歴史的《れきしてき》かなづかいなど、ほとんど原文《げんぶん》のままですが、漢字《かんじ》は新字《しんじ》に、「〱」や「ゝ」などのくり返《かえ》し記号《きごう》はひらがなに直《なお》しました。

なお、作者名《さくしゃめい》で、名字《みょうじ》がなく名前《なまえ》のみのものは江戸時代《えどじだい》の俳人《はいじん》の作品《さくひん》です。

最後《さいご》になりましたが、この本《ほん》の大《おお》きな特徴《とくちょう》の一《ひと》つとして、小中学生《しょうちゅうがくせい》のみなさんの作品《さくひん》を、例句《れいく》の中《なか》にできるだけたくさん取《と》り上《あ》げさせていただきました。巻頭目次《かんとうもくじ》の頁《ページ》に掲載《けいさい》いたしました各協力団体《かくきょうりょくだんたい》に、この場《ば》をお借《か》りして厚《あつ》くお礼申《れいもう》しあげます。

冬・新年の季語

＊本書では、季語を五十音（あいうえお）順ではなく、「時候（暑さや寒さなど気候にまつわるもの）」「天文（気象や天体）」「地理」「生活」「動物」「植物」の順に並べました。

【冬《ふゆ》】立冬《りっとう》（十一月八日《じゅういちがつようか》ごろ）から、立春《りっしゅん》（二月四日《にがつよっか》ごろ）の前《まえ》の日《ひ》までの三《さん》カ月《げつ》間《かん》をいいます。

ふるぼけしセロ一丁《いっちょう》の僕《ぼく》の冬《ふゆ》　篠原鳳作《しのはらほうさく》
冬青《ふゆあお》き松《まつ》をいつ《（つ）》しんに見《み》るときあり　石田波郷《いしだはきょう》
冬《ふゆ》と云《い》ふ口笛《くちぶえ》を吹《ふ》くやうにフユ　川崎展宏《かわさきてんこう》

【初冬《はつふゆ》】「しょとう」とも読《よ》み冬《ふゆ》のはじめのころをいいます。それほど寒《さむ》くはありませんが、木枯《こが》らしが吹《ふ》いて急《きゅう》に冷《ひ》え込《こ》む日《ひ》もあります。冬《ふゆ》はじめともいいます。

初冬《はつふゆ》の大塵《おおちり》取《と》りに塵《ちり》少《すこ》し　阿部《あべ》みどり女《じょ》
朝凪《あさなぎ》※1の帆《ほ》のももいろに冬《ふゆ》はじめ　柴田白葉女《しばたはくようじょ》

【神無月《かんなづき》】旧暦《きゅうれき》（明治五年《めいじごねん》まで使《つか》われていた暦《こよみ》）の十月《じゅうがつ》をいいます。だいたい今《いま》の十一月《じゅういちがつ》ごろに当《あた》ります。この月《つき》には八百万《やおよろず》の神《かみ》※2が出雲《いずも》※3へ集《あつ》まって、ほかの地《ち》域《いき》では神《かみ》がいなくなってしまうという俗説《ぞくせつ》からついた名《な》まえです。神《かみ》の留守《るす》ともいい、反対《はんたい》に出雲地方《いずもちほう》では神在月《かみありづき》と呼《よ》ばれています。

出雲路《いずもじ》※4の神在月《かみありづき》となりしかな　村山古郷《むらやまこきょう》
かんかんと鳴《な》り合《あ》ふ竹《たけ》や神無月《かんなづき》　山田《やまだ》みづえ

※1 **朝凪《あさなぎ》**…一時的《いちじてき》に風《かぜ》が吹《ふ》かなくなった朝《あさ》の海《うみ》の状態《じょうたい》。

※2 **八百万《やおよろず》の神《かみ》**…八百万《やおよろず》は数《かず》が多《おお》いという意味《いみ》で、多《おお》くの神々《かみがみ》ということ。

※3・※4 **出雲《いずも》・出雲路《いずもじ》**…出雲地方《いずもちほう》（島根県東部《しまねけんとうぶ》の地域《ちいき》）へ向《む》かう道《みち》。

【十一月《じゅういちがつ》】十一月《じゅういちがつ》は小春日和《こはるびより》といわれる暖《あたた》かい日《ひ》の続《つづ》くこともあって、行楽《こうらく》に出《で》かけることが多《おお》い月《つき》です。山沿《やまぞ》いの地方《ちほう》や北国《きたぐに》では雪《ゆき》のシーズンを迎《むか》えます。

あたたかき十一月《じゅういちがつ》もすみにけり　中村草田男《なかむらくさたお》

峠見《とうげみ》ゆ十一月《じゅういちがつ》のむなしさに　細見綾子《ほそみあやこ》

【立冬《りっとう》】二十四節気《にじゅうしせっき》（季節《きせつ》の変化《へんか》を示《しめ》すことば）の一《ひと》つです。十一月八日《じゅういちがつようか》ごろに当《あた》り、この日《ひ》から冬《ふゆ》とします。寒《さむ》くなって初霜《はつしも》がおりたり、木枯《こがら》しが吹《ふ》いたりすることもあります。このころには、日《ひ》の暮《く》れるのがどんどん早《はや》くなるように感《かん》じられます。冬立《ふゆた》つ、冬《ふゆ》に入《い》る、冬来《ふゆきた》る、今朝《けさ》の冬《ふゆ》ともいいます。

石《いし》の家《いえ》にぼろんとごつんと冬《ふゆ》がきて　高屋窓秋《たかやそうしゅう》

立冬《りっとう》の木《き》の影遊《かげあそ》ぶ芝《しば》の上《うえ》　木下夕爾《きのしたゆうじ》

冬《ふゆ》に入《い》るかがやきあそぶ鳥《とり》たちも　石田《いしだ》いづみ

【小春《こはる》】立冬《りっとう》を過《す》ぎても、晴《は》れて暖《あたた》かくおだやかな天候《てんこう》の日《ひ》が続《つづ》くことがあります。これを小春《こはる》といい、小春日和《こはるびより》と呼《よ》ぶこともあります。

先生《せんせい》と話《はな》して居《お》れば小春《こはる》かな　寺田寅彦《てらだとらひこ》

玉《たま》の如《ごと》き小春日和《こはるびより》を授《さず》かりし　松本《まつもと》たかし

【冬《ふゆ》めく】冬《ふゆ》らしくなってくることをいいます。空気《くうき》の冷《つめ》たさや、草木《くさき》の枯《か》れてゆくようす、町《まち》を行《ゆ》く人《ひと》たちの服装《ふくそう》などを通《とお》して感《かん》じられます。

欠航《けっこう》といふも冬《ふゆ》めくもののうち　高野素十《たかのすじゅう》

はやばやとともる街灯《がいとう》冬《ふゆ》めける　富田直治《とみたなおじ》

【霜月《しもつき》】旧暦《きゅうれき》の十一月《じゅういちがつ》のことをいいます。だいたい今《いま》の十二月《じゅうにがつ》ごろに当《あた》ります。寒《さむ》さがきびしくなり、霜《しも》がおりるのでついた名《な》まえだといわれています。

霜月《しもつき》や雲《くも》もかからぬ昼《ひる》の富士《ふじ》　正岡子規《まさおかしき》

【十二月《じゅうにがつ》】十二月《じゅうにがつ》は一年《いちねん》で最後《さいご》の月《つき》です。寒《さむ》さはいよいよきびしくなり、年末《ねんまつ》にかけては正月《しょうがつ》の準備《じゅんび》など、なにかとあわただしく忙《いそが》しくなる月《つき》でもあります。

行《ゆ》く手《て》また赤信号《あかしんごう》や十二月《じゅうにがつ》　中村苑子《なかむらそのこ》

十二月《じゅうにがつ》木《き》を抱《だ》けば木《き》のあたたかし　津久井紀代《つくいきよ》

厚着《あつぎ》して父《ちち》が出《で》ていく十二月《じゅうにがつ》　福井幸三《ふくいこうぞう》（中1）

雲《くも》になるティラノザウルス十二月《じゅうにがつ》　藤井亜衣《ふじいあい》（小1）

【冬至《とうじ》】二十四節気《にじゅうしせっき》の一《ひと》つで、十二月二十二日《じゅうにがつにじゅうににち》ごろに当《あた》ります。北半球《きたはんきゅう》では、一《いち》年《ねん》でいちばん昼《ひる》が短《みじか》い日《ひ》です。冬《ふゆ》の寒《さむ》さがいちだんときびしくなるため、この日《ひ》には病気《びょうき》にならないようにと、冬至《とうじ》がゆ※5や冬至南瓜《とうじかぼちゃ》※6を食《た》べたり、柚子湯《ゆずゆ》※7（柚子《ゆず》風呂《ぶろ》）に入《はい》ったりします。

あやまたず沈《しず》む冬至《とうじ》の日《ひ》を見《み》たり　後藤夜半《ごとうやはん》

海《うみ》よりも背山《せやま》親《した》しき冬至粥《とうじがゆ》　鍵和田秞子《かぎわだゆうこ》

柚子《ゆず》風呂《ぶろ》や寄《よ》り来《く》る柚子《ゆず》を突《つ》き返《かえ》し　岩田由美《いわたゆみ》

【師走《しわす》】旧暦《きゅうれき》の十二月《じゅうにがつ》をいいます。だいたい今《いま》の一月《いちがつ》ごろに当《あた》りますが、今《いま》では新暦《しんれき》（明治六年《めいじろくねん》から使《つか》われている現在《げんざい》の暦《こよみ》）の十二月《じゅうにがつ》のことも師走《しわす》というようになりました。極月《ごくげつ》ともいいます。

大空《おおぞら》のあくなく晴《は》れし師走《しわす》かな　久保田万太郎《くぼたまんたろう》

極月《ごくげつ》の山彦《やまびこ》とゐる子供《こども》かな　細川加賀《ほそかわかが》

【数《かぞ》え日《ひ》】年末《ねんまつ》までの日《ひ》にちが少《すく》なくなることをいいます。正月《しょうがつ》まであと何日《なんにち》と指折《ゆびお》り数《かぞ》えるという意味《いみ》です。

数《かぞ》へ日《び》やぽんと出《で》てくる人形焼《にんぎょうやき》　前野雅生《まえのまさお》

※5 **冬至《とうじ》がゆ**…小豆《あずき》を入《い》れたかゆ。

※6 **冬至南瓜《とうじかぼちゃ》**…冬至《とうじ》の日《ひ》に食《た》べるために保存《ほぞん》してあったカボチャ。

※7 **柚子湯《ゆずゆ》**…柚子《ゆず》の実《み》を入《い》れた風呂《ふろ》。ヒビやアカギレを治《なお》す効果《こうか》があるといわれています。

【年《とし》の暮《くれ》】年《とし》の終《おわ》りをいいます。町《まち》は正月《しょうがつ》の準備《じゅんび》のための買《か》い物客《ものきゃく》でにぎわい、活気《かっき》をおびてきます。コンサートや演劇《えんげき》などもさかんに行《おこ》なわれ、人出《ひとで》の多《おお》い時期《じき》です。歳晩《さいばん》、年末《ねんまつ》、年《とし》の瀬《せ》、年《とし》の果《はて》、年終《としお》わる、年歩《としあゆ》む、年暮《としく》るる（年暮《としく》れる）ともいいます。また、年《とし》の内《うち》、年内《ねんない》も同《おな》じような意味《いみ》のことばです。

年暮《としくれ》ぬ笠《かさ》きて草鞋《わらじ》はきながら※8　芭蕉《ばしょう》
母子《ははこ》にて出《で》る事多《ことおお》し年《とし》の内《うち》　岩木躑躅《いわきつつじ》
歳晩《さいばん》のなまあたたかき森《もり》に入《い》る　山田《やまだ》みづえ
黒板《こくばん》の一切《いっさい》を消《け》し年終《としおわ》る　彦井《ひこい》きみお

【大《おお》みそか】大年《おおとし》ともいいます。十二月三十一日《じゅうにがつさんじゅういちにち》のことです。新年《しんねん》を迎《むか》えるためにいろいろとあわただしい日《ひ》です。夜《よる》になると神社《じんじゃ》や寺《てら》では、かがり火《び》を焚《た》いて初《はつ》もうでの人《ひと》を迎《むか》える準備《じゅんび》をします。また、大《おお》みそかの夜《よる》を除夜《じょや》、年《とし》の夜《よ》（年《とし》の夜《よる》）といいます。

波除《なみよけ》に大年《おおとし》の波静《なみしず》かかな　松本《まつもと》たかし
大晦日《おおみそか》御免《ごめん》とばかり早寝《はやね》せる　石塚友二《いしづかともじ》
帰《かえ》り入《い》る家《いえ》それぞれや年《とし》の夜《よる》　三橋敏雄《みつはしとしお》

【行《ゆ》く年《とし》】過《す》ぎ去《さ》ってゆく年《とし》のことをいいます。一年《いちねん》を振《ふ》り返《かえ》り、惜《お》しむ気持《きもち》を

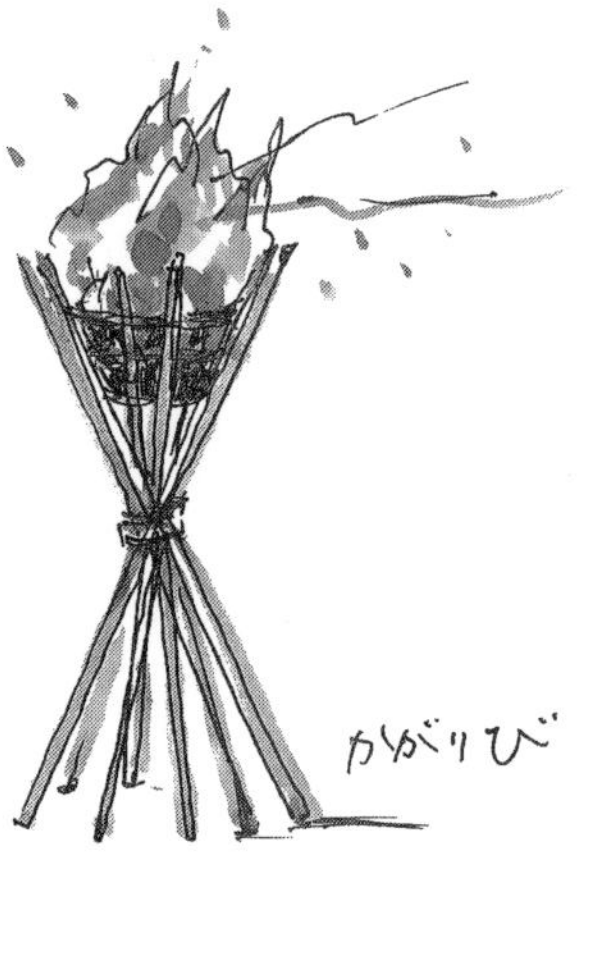

※8　**笠《かさ》きて草鞋《わらじ》はきながら…**　笠《かさ》をかぶり、草鞋《わらじ》をはくのは昔《むかし》の人《ひと》の旅姿《たびすがた》でした。この場合《ばあい》は、旅《たび》をしている身《み》である、ということ。

年惜《としお》しむといいます。

ゆく年《とし》をすたと橋渡《はしわた》りけり　鈴木真砂女《すずきまさじょ》
指揮者《しきしゃ》への拍手《はくしゅ》に年《とし》を惜《お》しみけり　森田　峠《もりたとうげ》

【一月《いちがつ》】一月《いちがつ》は冬《ふゆ》のいちばん寒《さむ》い時期《じき》に当《あた》りますが、新年《しんねん》を迎《むか》えてさまざまな行《ぎょう》事《じ》が行《おこ》なわれます。

赤《あか》き実《み》を咥《くわ》へ一月《いちがつ》の鳥日和《とりびより》　阿部《あべ》みどり女《じょ》
一月《いちがつ》の空《そら》に静止《せいし》の観覧車《かんらんしゃ》　本宮哲郎《もとみやてつろう》

【寒《かん》】寒《かん》の入《い》り（一月六日《いちがつむいか》ごろ）から寒《かん》の明《あ》け（二月四日《にがつよっか》）の前日《ぜんじつ》までのおよそ三《さん》十日間《じゅうにちかん》をいい、たいへん寒《さむ》い日《ひ》が続《つづ》きます。この期間《きかん》を寒《かん》の内《うち》、寒中《かんちゅう》と呼《よ》びます。二十四節気《にじゅうしせっき》では、一月六日《いちがつむいか》ごろを小寒《しょうかん》といい、いよいよ寒《さむ》さがきびしくなる日《ひ》とし、二十一日《にじゅういちにち》ごろを大寒《だいかん》といって、もっとも寒《さむ》さのきびしい日《ひ》としています。

きびきびと万物《ばんぶつ》寒《かん》に入《い》りにけり　富安風生《とみやすふうせい》
小寒《しょうかん》や枯草《かれくさ》に舞《ま》ふうすほこり　長谷川春草《はせがわしゅんそう》
寒《かん》の馬首《うまくび》まつ《（つ）》すぐに街《まち》に入《い》る　桂《かつら》　信子《のぶこ》
大寒《だいかん》の明日《あす》へきちんと枕置《まくらお》く　岡本《おかもと》　眸《ひとみ》

赤い実

【冬《ふゆ》の朝《あさ》】冬《ふゆ》の朝《あさ》はいちだんと冷《ひ》え込《こ》みます。野《の》や畑《はたけ》は霜《しも》で真白《まっしろ》になり、水道《すいどう》が凍《こお》って水《みず》が出《で》なかったりします。冬《ふゆ》あけぼの、寒暁《かんぎょう》（寒《かん》の暁《あけ》）、冬暁《ふゆあかつき》などともいいます。

寒《かん》の暁《あけ》ツィーンツィーンと子《こ》の寝息《ねいき》　中村草田男《なかむらくさたお》

冬《ふゆ》の朝窓《あさまど》を開《あ》けると白《しろ》い道《みち》　疋田恭子《ひきたきょうこ》（小6）

【短日《たんじつ》】昼間《ひるま》が短《みじか》いことです。冬《ふゆ》は日《ひ》が暮《く》れるのが早《はや》く、とくに十二月《じゅうにがつ》は短日《たんじつ》の感《かん》じがします。日短《ひみじか》、暮早《くれはや》しなどともいいます。

少《すこ》しづ《ず》つ用事《ようじ》が残《のこ》り日短《ひみじか》　下田実花《しもだじっか》

短日《たんじつ》や影《かげ》も角出《つのだ》す金平糖《こんぺいとう》　野見山朱鳥《のみやまあすか》

【冬《ふゆ》の暮《くれ》】冬《ふゆ》の日暮《ひぐれ》をいいます。はやばやと街灯《がいとう》がともり、寒々《さむざむ》とした感《かん》じがするので寒暮《かんぼ》ともいいます。

冬《ふゆ》の暮板《くれいた》の間《ま》を踏《ふ》むいくたびも　桂《かつら》　信子《のぶこ》

大津絵《おおつえ》※9の朱《しゅ》の美《うつく》しき寒暮《かんぼ》かな　鈴木鷹夫《すずきたかお》

※9 **大津絵《おおつえ》**…江戸時代《えどじだい》から売《う》られるようになった庶民《しょみん》のための絵《え》で、おもに仏教《ぶっきょう》の教《おし》えやこっけいなものを描《えが》いてあります。

【冬の夜《ふゆのよ》】冬《ふゆ》の夜《よ》は長《なが》く、暖房《だんぼう》をつけた部屋《へや》で家族《かぞく》が集《あつま》ってだんらんすることも多《おお》いでしょう。外《そと》を通《とお》る人《ひと》も少《すく》なく、とても静《しず》かな感《かん》じがします。寒夜《かんや》、寒《さむ》き夜《よ》などともいいます。

寒《さむ》き夜《よ》や折《お》れ曲《ま》がりたる北斗星《ほくとせい》　村上鬼城《むらかみきじょう》

冬《ふゆ》の夜《よ》の子《こ》にきかるるは文字《もんじ》※10のみ　福田甲子雄《ふくだきねお》

【霜夜《しもよ》】霜《しも》のおりる寒《さむ》い夜《よる》のことをいいます。晴《は》れて風《かぜ》のない夜《よる》は、霜《しも》がおりやすくなります。

一《ひと》いろも動《うご》く物《もの》なき霜夜《しもよ》かな　野水《やすい》

音《おと》たてて新聞《しんぶん》たたむ霜夜《しもよ》かな　三田陽子《みたようこ》

【冷《つめ》たし】冬《ふゆ》の寒《さむ》さを肌《はだ》で直接感《ちょくせつかん》じることで、「冷《つめ》たい」の文語《ぶんご》（平安時代《へいあんじだい》のことばを基本《きほん》にしてつくった書《か》きことば）です。また、体《からだ》のしんまで冷《ひ》えるような寒《さむ》さを底冷《そこび》えといいます。

手《て》で顔《かお》を撫《な》づれば鼻《はな》の冷《つめ》たさよ　高浜虚子《たかはまきょし》

底冷《そこび》えが卓《たく》の四脚《よあし》を匍《は》ひあがる　富安風生《とみやすふうせい》

※10 **文字《もんじ》**…文字《もじ》のことを「もんじ」ということがあります。

【寒《さむ》し】冬《ふゆ》の寒《さむ》さです。「寒《さむ》し」は「寒《さむ》い」の文語《ぶんご》です。

水枕《みずまくら》ガバリと寒《さむ》い海《うみ》がある　西東三鬼《さいとうさんき》

しんしんと寒《さむ》さがたのし歩《あゆ》みゆく　星野立子《ほしのたつこ》

【凍《こお》る】氷《こお》るとも書《か》きます。寒《さむ》さのため物《もの》が凍《こお》ること、または凍《こお》りそうなほど寒《さむ》いことをいいます。凍《い》つ（凍《い》てる）ともいいます。

凍《こお》らんとするしづけさを星流《ほしなが》れ　野見山朱鳥《のみやまあすか》

草《くさ》の葉《は》に水《みず》とびついて氷《こお》りけり　大串《おおぐし》　章《あきら》

【冴《さ》ゆ】「冴《さ》ゆ」は「冴《さ》える」の文語《ぶんご》で、冷《ひ》えきることをいいます。寒《さむ》さがきわまって澄《す》んだ感《かん》じがあります。

風《かぜ》さえて今朝《けさ》よりも又山近《またやまちか》し　暁台《きょうたい》

冴《さ》ゆる夜《よ》の抽斗《ひきだし》に鳴《な》る銀《ぎん》の鈴《すず》　小松崎爽青《こまつざきそうせい》

【寒波《かんぱ》】冷《つめ》たい空気《くうき》のかたまりが移動《いどう》してきて、急《きゅう》に寒《さむ》さがきびしくなる現象《げんしょう》をいいます。まるで波《なみ》のように周期的《しゅうきてき》にやってきます。

寒波《かんぱ》急《きゅう》日本《にほん》は細《ほそ》くなりしまま　阿波野青畝《あわのせいほ》

気象図《きしょうず》の線美《せんうつく》しく寒波《かんぱ》来《く》る　右城暮石《うしろぼせき》

【冬深《ふゆふか》し】真冬《まふゆ》と同《おな》じ意味《いみ》のことばで、冬《ふゆ》の真最中《まっさいちゅう》をいいます。寒《さむ》さも真盛《まっさか》りです。冬深《ふゆふか》む（冬深《ふゆふか》まる）と動詞《どうし》としても使《つか》います。

四囲《しい》※11の音聴《おとき》き澄《す》ますとき冬深《ふゆふか》く　加藤楸邨《かとうしゅうそん》

日《ひ》の当《あ》たる方《ほう》へ歩《あゆ》みて冬深《ふゆふか》む　朝倉和江《あさくらかずえ》

【三寒四温《さんかんしおん》】冬《ふゆ》の寒《さむ》い日《ひ》が三日《みっか》ほど続《つづ》くと、こんどは暖《あたた》かい日《ひ》が四日《よっか》ほど続《つづ》くことをいいます。冬《ふゆ》の終《おわ》りごろにはこのような気象《きしょう》が繰《く》り返《かえ》されます。三寒《さんかん》、四温《しおん》だけでも季語《きご》になります。

三寒《さんかん》の四温《しおん》を待《ま》てる机《つくえ》かな　石川桂郎《いしかわけいろう》

立《た》てかけし橇《そり》に四温《しおん》の雫《しずく》かな　原田青児《はらだせいじ》

黒板《こくばん》に三寒《さんかん》の日《ひ》の及《およ》びけり　島谷征良《しまたにせいろう》

※11 四囲《しい》…まわり。

【日脚《ひあし》のぶ】冬《ふゆ》が終《お》わりに近《ちか》づいて日《ひ》がのびてくることをいいます。じっさいには冬至《とうじ》が過《す》ぎると、少《すこ》しずつ日《ひ》がのびてゆきますが、一月《いちがつ》のなかばぐらいになると、そのことを実感《じっかん》するようになります。「のぶ」は「のびる」の文語《ぶんご》です。

日脚伸《ひあしの》びいのちも伸《の》ぶるごとくなり　日野草城《ひのそうじょう》
日脚伸《ひあしの》ぶ電車《でんしゃ》の中《なか》を人歩《ひとある》き　神蔵《かみくら》　器《うつわ》

【春近《はるちか》し】春隣《はるとなり》ともいい、冬《ふゆ》の終《お》わりごろ、もう春《はる》が近《ちか》いと感《かん》じることをいいます。空《そら》や海《うみ》、風《かぜ》や太陽《たいよう》の光《ひかり》、雨《あめ》の降《ふ》るようすなど、さまざまなものに感《かん》じられるものです。春待《はるま》つは、春《はる》が近《ちか》づいたころに春《はる》を期待《きたい》する気持《きもち》をいいます。

叱《しか》られて目《め》をつぶる猫春隣《ねこはるとなり》　久保田万太郎《くぼたまんたろう》
少年《しょうねん》を枝《えだ》にとまらせ春待《はるま》つ木《き》　西東三鬼《さいとうさんき》
春近《はるちか》し時計《とけい》の下《した》に眠《ねむ》るかな　細見綾子《ほそみあやこ》

【節分《せつぶん》】立春《りっしゅん》の前《まえ》の日《ひ》、二月三日《にがつみっか》ごろです。この日《ひ》の夜《よる》には神社《じんじゃ》や寺《てら》で邪気《じゃき》を追《お》いはらい春《はる》を迎《むか》えるための行事《ぎょうじ》、追儺《ついな》（鬼《おに》やらい、なやらい、節分会《せつぶんえ》ともいいます）が行《おこ》なわれます。最近《さいきん》、大《おお》きな神社《じんじゃ》などでは、年男《としおとこ》の力士《りきし》や芸能人《げいのうじん》を招《まね》いて、炒《い》った大豆《だいず》（年《とし》の豆《まめ》、鬼打豆《おにうちまめ》）を参詣客《さんけいきゃく》にまくことも多《おお》くなりました。いっぽんの家庭《かてい》でもこの日《ひ》は戸口《とぐち》にひいらぎといわしの頭《あたま》※12をさし、夜《よる》には「鬼《おに》は外《そと》、福《ふく》は

※12 **ひいらぎといわしの頭《あたま》**…節分《せつぶん》の魔《ま》よけのまじないで、ヒイラギの枝《えだ》にイワシの頭《あたま》をさしたものを戸口《とぐち》の軒下《のきした》などにさしておきます。

内《うち》」と大《おお》きな声《こえ》でいいながら豆《まめ》まき（豆打《まめう》ち）をして、悪《わる》い鬼《おに》を追《お》いはらいます。豆《まめ》まきのあとには、自分《じぶん》の年《とし》の数《かず》か、一《ひと》つ多《おお》い数《かず》の豆《まめ》を食《た》べます。

山国《やまぐに》の闇《やみ》おそろしき追儺《ついな》かな　原《はら》　石鼎《せきてい》
恐《おそ》るべき八十粒《はちじゅっつぶ》や年《とし》の豆《まめ》　相生垣瓜人《あいおいがきかじん》
使《つか》はざる部屋《へや》も灯《とも》して豆《まめ》を撒《ま》く　馬場移公子《ばばいくこ》
よろこびて鬼打豆《おにうちまめ》にうたれけり　山田《やまだ》みづえ
節分《せつぶん》の鬼《おに》のすみかは人《ひと》のなか　小代裕貴《こしろひろき》（小4）
せつぶんのまめをにわとりたべている　神田《かんだ》さち（小2）

【冬《ふゆ》の日《ひ》】冬日《ふゆび》ともいい、冬《ふゆ》の太陽《たいよう》と、冬《ふゆ》の一日《いちにち》とどちらのこともいいます。日《ひ》ざしは強《つよ》くありませんが、冬《ふゆ》の日《ひ》だまりは暖《あたた》かくなつかしい感《かん》じがします。冬《ふゆ》日《び》の当《あた》る場所《ばしょ》を冬日向《ふゆひなた》と呼《よ》びます。

大仏《だいぶつ》の冬日《ふゆび》は山《やま》に移《うつ》りけり　星野立子《ほしのたつこ》
冬《ふゆ》の日《ひ》や臥《ふ》して見《み》あぐる琴《こと》の丈《たけ》　野澤節子《のざわせつこ》
冬日《ふゆび》の象《ぞう》べつの日向《ひなた》にわれらを《お》り　桜井博道《さくらいはくどう》
むざ《ぞ》ふ《う》さにチェロも冬日《ふゆび》も横抱《よこだ》きに　海津篤子《かいづあつこ》
昼過《ひるす》ぎのやや頼《たの》もしき冬日《ふゆび》かな　岩田由美《いわたゆみ》

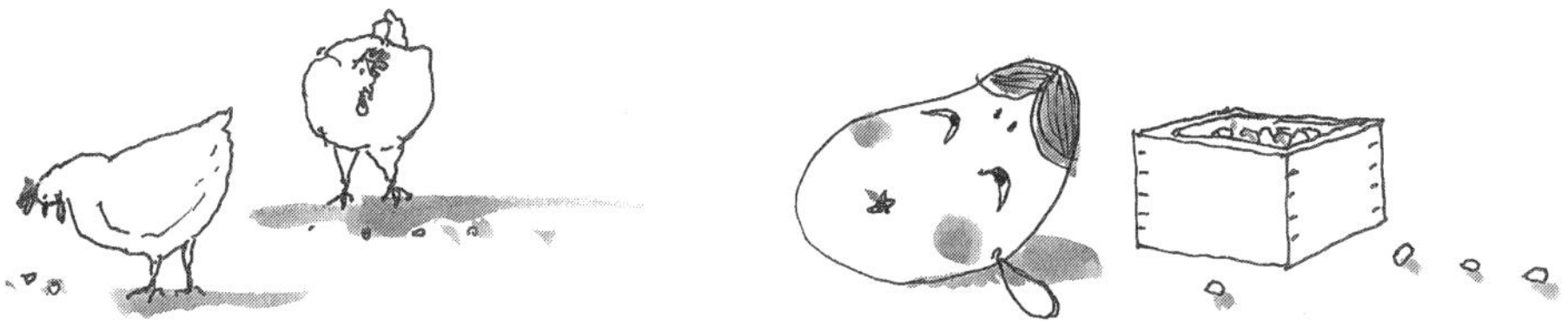

【冬《ふゆ》晴《ば》れ】冬《ふゆ》の晴《は》れた日《ひ》のことをいいます。日本海側《にほんかいがわ》では曇《くも》りがちの日《ひ》が多《おお》くなりますが、太平洋側《たいへいようがわ》では冬晴《ふゆば》れの日《ひ》が多《おお》くなります。冬日和《ふゆびより》、冬麗《とうれい》、冬《ふゆ》うららともいいます。

鉄橋《てっきょう》に水《みず》ゆたかなる冬日和《ふゆびより》　飯田蛇笏《いいだだこつ》

冬《ふゆ》うらら空《そら》より下《お》りて鴎《かもめ》どり　三好達治《みよしたつじ》

冬晴《ふゆばれ》の赤児《あかご》の頭胸《あたまむね》に触《ふ》れ　金子兜太《かねことうた》

【冬《ふゆ》の空《そら》】冬《ふゆ》の空《そら》といってもいろいろな表情《ひょうじょう》があります。晴《は》れておだやかなときもあれば、どんよりと曇《くも》っていまにも雪《ゆき》や雨《あめ》の降《ふ》りだしそうなときもあります。冬空《ふゆぞら》、冬青空《ふゆあおぞら》、冬天《とうてん》、凍空《いてぞら》、寒空《さむぞら》などのいい方《かた》もあります。

冬空《ふゆぞら》に大樹《たいじゅ》の梢《こずえ》朽《く》ちてなし　高浜虚子《たかはまきょし》

凍空《いてぞら》の鳴《な》らざる鐘《かね》を仰《あお》ぎけり　飯田蛇笏《いいだだこつ》

【冬《ふゆ》の雲《くも》】寒雲《かんうん》ともいい、雪《ゆき》の降《ふ》りだしそうな重《おも》く垂《た》れ込《こ》めた雲《くも》や、晴天《せいてん》の真白《まっしろ》な雲《くも》などいろいろです。凍《こお》ったようにとどまっている雲《くも》を凍雲《いてぐも》といいます。

卵黄《らんおう》のごとくに日《ひ》あり冬《ふゆ》の雲《くも》　阿波野青畝《あわのせいほ》

寒雲《かんうん》の影《かげ》をちぢめてうごきけり　石原八束《いしはらやつか》

冬の空

【冬《ふゆ》の月《つき》】冬《ふゆ》の張《は》りつめたような寒《さむ》さの中《なか》で、月《つき》は冴《さ》え冴《ざ》えとして見《み》えます。寒《かん》月《げつ》、月冴《つきさ》ゆなどともいい、冬三日月《ふゆみかづき》、冬満月《ふゆまんげつ》などの使《つか》い方《かた》もあります。

冬《ふゆ》の月《つき》寂寞《じゃくまく》として高《たか》きかな　日野草城《ひのそうじょう》
降《お》りし汽車《きしゃ》また寒月《かんげつ》に発《た》ちゆけり　百合山羽公《ゆりやまうこう》

【冬《ふゆ》の星《ほし》】冬《ふゆ》は大気《たいき》が澄《す》むので、星《ほし》は冴《さ》えて鋭《するど》く見《み》えます。すばる、オリオン座《ざ》などは晩秋《ばんしゅう》から冬《ふゆ》にかけてよく見《み》えます。寒星《かんせい》、凍星《いてぼし》、星冴《ほしさ》ゆなどともいい、冬《ふゆ》の天《あま》の川《がわ》のことは冬銀河《ふゆぎんが》と呼《よ》びます。

いつまでも一《ひと》つのままに冬《ふゆ》の星《ほし》　富安風生《とみやすふうせい》
凍星《いてぼし》も星座《せいざ》を組《く》めば煌《かがや》けり　野澤節子《のざわせつこ》
三《み》つ星《ぼし》がかがやいているオリオン座《ざ》　加藤智絵《かとうともえ》（小6）

【木枯《こがら》し】冬《ふゆ》のはじめのころ吹《ふ》く強《つよ》い冷《つめ》たい風《かぜ》で、木《き》を枯《か》らすほど吹《ふ》くという意《い》味《み》でこう呼《よ》ばれます。冬《ふゆ》の到来《とうらい》を知《し》らせる風《かぜ》で、凩《こがらし》とも書《か》きます。

凩《こがらし》の果《はて》はありけり海《うみ》の音《おと》　言水《ごんすい》
木《こ》がらしや東京《とうきょう》の日《ひ》のありどころ　芥川龍之介《あくたがわりゅうのすけ》
海《うみ》に出《で》て木枯《こがらし》帰《かえ》るところなし　山口誓子《やまぐちせいし》

【北風《きたかぜ》】冬《ふゆ》の季節風《きせつふう》のことで「きた」とも読《よ》みます。冬《ふゆ》の風《かぜ》とも、寒風《かんぷう》ともいい、晴天《せいてん》の日《ひ》に吹《ふ》く乾燥《かんそう》した風《かぜ》はとくに空《から》っ風《かぜ》といいます。また、冬《ふゆ》の強《つよ》い風《かぜ》が電線《でんせん》などに吹《ふ》きつけると笛《ふえ》のように鳴《な》ることがあります。これをもがり笛《ぶえ》と呼《よ》びます。

北風《きたかぜ》にたちむかふ身《み》をほそめけり　木下夕爾《きのしたゆうじ》
北風《きた》つのるどこより早《はや》く厨《くりや》に灯《ひ》　岡本《おかもと》　眸《ひとみ》
もがり笛《ぶえ》風《かぜ》の又三郎《またさぶろう》やあーい　上田五千石《うえだごせんごく》
ビルが言《い》う北風《きたかぜ》なんかに負《ま》けないよ　中村理沙《なかむらりさ》（小4）
北風《きたかぜ》が遊《あそ》ぼ遊《あそ》ぼとやってきた　福田《ふくだ》さや香《か》（小6）

【すきま風《かぜ》】戸《と》や壁《かべ》のすきまから吹《ふ》き込《こ》んで来《く》る冷《つめ》たい風《かぜ》のことをいいます。どんなにすきまをふさいでも、どこかから入《はい》ってきて寒《さむ》いものでした。最近《さいきん》の建《けん》築《ちく》ではすきま風《かぜ》が入《はい》ってくる家《いえ》は少《すく》なくなりました。

時々《ときどき》にふりかへるなり隙間風《すきまかぜ》　高浜虚子《たかはまきょし》
東京《とうきょう》の隙間風《すきまかぜ》とも馴染《なじ》みたる　山田弘子《やまだひろこ》

【時雨《しぐれ》】冬《ふゆ》のはじめのころの、急《きゅう》にさっと降《ふ》りだしてすぐに止《や》む雨《あめ》のことです。何度《なんど》もくりかえして降《ふ》ることもあります。時雨《しぐ》るる（時雨《しぐ》れる）と動詞《どうし》にも使《つか》います。

旅人《たびびと》と我名《わがな》よばれん初《はつ》しぐれ　芭蕉《ばしょう》

うしろすがたのしぐれてゆくか　種田山頭火《たねださんとうか》

しぐるるや駅《えき》に西口《にしぐち》東口《ひがしぐち》　安住《あずみ》 敦《あつし》

鍋物《なべもの》に火《ひ》のまはり来《き》し時雨《しぐれ》かな　鈴木真砂女《すずきまさじょ》

小夜時雨《さよしぐれ》※13音《おと》も明《あ》かりもひとりぶん　山田《やまだ》 葵《あおい》

【冬《ふゆ》の雨《あめ》】冬《ふゆ》に降《ふ》る雨《あめ》は寒々《さむざむ》として暗《くら》い感《かん》じがあります。途中《とちゅう》から雪《ゆき》にかわることもあります。しかし、雲《くも》が地表《ちひょう》をおおうために暖《あたた》かく感《かん》じることもあります。

冬《ふゆ》の雨《あめ》やむけしき見《み》せ美《うつく》しき　星野立子《ほしのたつこ》

夜《よ》の音《おと》の雨《あま》だればかり冬《ふゆ》の雨《あめ》　倉田紘文《くらたこうぶん》

【あられ】雪《ゆき》の結晶《けっしょう》に水滴《すいてき》がつき凍《こお》ったものです。あられの美《うつく》しさをめでて玉《たま》あられと呼《よ》ぶこともあります。

石山《いしやま》の石《いし》にたばしるあられ哉《かな》　芭蕉《ばしょう》

吾子育《あこそだ》つ島《しま》の霰《あられ》に打《う》たれもし　村松紅花《むらまつこうか》

あられふる空《そら》をみんなで見上《みあ》げてる　佐藤未奈子《さとうみなこ》（小4）

※13 小夜時雨《さよしぐれ》…夜《よる》に降《ふ》る雨《あめ》。

【みぞれ】雨《あめ》と雪《ゆき》がまじって降《ふ》るものです。みぞる（みぞれる）と動詞《どうし》として使《つか》うこともあります。

淋《さび》しさの底《そこ》ぬけてふるみぞれかな　丈草《じょうそう》
棕櫚《しゅろ》の葉《は》のばさりばさりとみぞれけり　正岡子規《まさおかしき》

【霜《しも》】地表《ちひょう》の気温《きおん》が氷点下《ひょうてんか》に下《さ》がって、水蒸気《すいじょうき》が凍《こお》り、地面《じめん》などに白《しろ》く付着《ふちゃく》するものです。霜《しも》のおりた日《ひ》の晴天《せいてん》を霜晴《しもば》れといいます。

おく霜《しも》を照《て》る日《ひ》しづ《ず》かに忘《わす》れけり　飯田蛇笏《いいだだこつ》
霜掃《しもは》きし箒《ほうき》しばらくして倒《たお》る　能村登四郎《のむらとしろう》

【雪《ゆき》】空気中《くうきちゅう》の水蒸気《すいじょうき》が冷《ひ》えて氷《こおり》の結晶《けっしょう》となり降《ふ》ってくるのが雪《ゆき》です。雪《ゆき》もよい※14、初雪《はつゆき》、深雪《みゆき》、根雪《ねゆき》、雪明《ゆきあか》り※15、雪晴《ゆきば》れ※16など雪《ゆき》に関連《かんれん》のあることばはたくさんあります。またはげしい風《かぜ》をともなう雪《ゆき》を吹雪《ふぶき》といいます。

いくたびも雪《ゆき》の深《ふか》さを尋《たず》ねけり　正岡子規《まさおかしき》
ゆきふるといひ《い》しばかりの人《ひと》しづ《ず》か　室生犀星《むろうさいせい》
初雪《はつゆき》のたちまち松《まつ》につもりけり　日野草城《ひのそうじょう》
降《ふ》る雪《ゆき》や明治《めいじ》は遠《とお》くなりにけり　中村草田男《なかむらくさたお》

※14　**雪《ゆき》もよい**…いまにも雪《ゆき》が降《ふ》りだしそうな空《そら》もよう。

※15　**雪明《ゆきあか》り**…積《つ》った雪《ゆき》であたりがうっすらと明《あか》るく見《み》えること。

※16　**雪晴《ゆきば》れ**…雪《ゆき》が積《つ》もってやんだあとの晴天《せいてん》。

ゆふぐれと雪《ゆき》あかりとが本《ほん》の上《うえ》　篠原《しのはら》梵《ぼん》
ふぶく夜《よ》や蝶《ちょう》の図鑑《ずかん》を枕《まくら》もと　橋《はし》閒石《かんせき》
綾取《あやとり》の橋《はし》が崩《くず》れて雪催《ゆきもよい》　佐藤鬼房《さとうおにふさ》
雪《ゆき》まみれにもなる笑《わら》つ《(っ)》てくれるなら　櫂《かい》未知子《みちこ》

【風花《かざはな》】晴《は》れているのに雪《ゆき》がちらつくことがありますが、これは山《やま》などで降《ふ》っている雪《ゆき》が風《かぜ》で飛《と》んでくるもので風花《かざはな》といいます。「かざばな」とも読《よ》みます。

風花《かざはな》の大《おお》きく白《しろ》く一《ひと》つ来《く》る　阿波野青畝《あわのせいほ》
風花《かざはな》や赤子《あかご》に指《ゆび》をつかまれて　藺草慶子《いぐさけいこ》

【雪女《ゆきおんな》】雪女郎《ゆきじょろう》ともいい、雪国《ゆきぐに》の伝説《でんせつ》に出《で》てくる雪《ゆき》の精《せい》、または妖怪《ようかい》をいいます。雪《ゆき》の夜《よ》に白《しろ》づくめの女性《じょせい》の姿《すがた》であらわれるといわれています。その顔《かお》を見《み》るとたたられるとか、子《こ》どもを連《つ》れ去《さ》ってしまうなどといわれ、おそろしい伝説《でんせつ》ですが、どこかかなしい幻想的《げんそうてき》な話《はなし》でもあります。

みちのく※17の雪深《ゆきふか》ければ雪女郎《ゆきじょろう》　山口青邨《やまぐちせいそん》
雪《ゆき》をんな黙《だま》つ《(っ)》てゐ《い》れば歩《ほ》が揃《そろ》ふ《う》　山田《やまだ》みづえ

※17　**みちのく**…今《いま》の福島《ふくしま》、宮《みや》城《ぎ》、岩手《いわて》、秋田《あきた》、青森《あおもり》の東北《とうほく》五県《ごけん》。昔《むかし》の磐城《いわき》、岩代《いわしろ》、陸前《りくぜん》、陸中《りくちゅう》、陸奥《むつ》の五《いつ》つの国《くに》の総称《しょう》です。

【冬《ふゆ》の山《やま》】草《くさ》が枯《か》れ、落葉《おちば》の積《つ》った冬《ふゆ》の山《やま》は、明《あか》るい感《かん》じがしたり、さびしい感《かん》じがしたりします。ときには雪《ゆき》が積《つ》って静《しず》まりかえっていることもあります。冬山《ふゆやま》、枯山《かれやま》ともいいます。

冬山《ふゆやま》の日当《ひあた》るところ人家《じんか》かな　村上鬼城《むらかみきじょう》
木《き》を倒《たお》す音《おと》静《しず》まりし冬《ふゆ》の山《やま》　星野立子《ほしのたつこ》
枯山《かれやま》のかげ枯山《かれやま》をのぼりつむ　飴山《あめやま》實《みのる》

【山眠《やまねむ》る】冬《ふゆ》の山《やま》は静《しず》かで眠《ねむ》っているようだという意味《いみ》で、中国《ちゅうごく》の書物《しょもつ》『臥遊録《がゆうろく》』にあることばです。

とぢ《じ》し眼《め》のうらにも山《やま》のねむりけり　木下夕爾《きのしたゆうじ》
山眠《やまねむ》るまばゆき鳥《とり》を放《はな》ちては　山田《やまだ》みづえ
山眠《やまねむ》る星《ほし》の投網《とあみ》を打《う》つごとく　神蔵《かみくら》器《うつわ》

【冬野《ふゆの》】冬《ふゆ》の野原《のはら》です。田《た》や畑《はたけ》などもふくめて平《たい》らなところを冬野《ふゆの》と呼《よ》ぶこともあります。雪《ゆき》が積《つ》っている場合《ばあい》は、雪原《せつげん》ともいいます。

ながながと川一筋《かわひとすじ》や雪《ゆき》の原《はら》　凡兆《ぼんちょう》
たそがれの大雲《だいうん》動《うご》く冬野《ふゆの》かな　中川宋淵《なかがわそうえん》

雪原《せつげん》をわたる日《ひ》ざしに馬放《うまはな》つ　木村凍邨《きむらとうそん》

【枯野《かれの》】草木《くさき》の枯《か》れ果《は》てた野《の》のことです。

旅《たび》に病《やん》で夢《ゆめ》は枯野《かれの》をかけ廻《めぐ》る　芭蕉《ばしょう》

遠山《とおやま》に日《ひ》の当《あた》りたる枯野《かれの》かな　高浜虚子《たかはまきょし》

赤《あか》きもの甘《あま》きもの恋《こい》ひ枯野《かれの》行《ゆ》く　中村草田男《なかむらくさたお》

胸《むね》に挿《さ》す鉛筆《えんぴつ》にほふ枯野《かれの》かな　中西夕紀《なかにしゆき》

【冬田《ふゆた》】秋《あき》に稲《いね》を刈《か》りとったあと、そのままにしてある田《た》のことです。

風音《かざおと》の虚空《こくう》を渡《わた》る冬田《ふゆた》かな　鈴木花蓑《すずきはなみの》

【冬《ふゆ》の水《みず》】冬《ふゆ》の水《みず》は、寒々《さむざむ》として見《み》えることもありますが、気温《きおん》より水《みず》の温度《おんど》が高《たか》いときには暖《あたた》かそうに湯気《ゆげ》をあげていることもあります。

冬《ふゆ》の水一枝《みずいっし》の影《かげ》も欺《あざむ》かず　中村草田男《なかむらくさたお》

暗《くら》きより暗《くら》きへ冬《ふゆ》の水《みず》の音《おと》　石塚友二《いしづかともじ》

枯野

【冬《ふゆ》の川《かわ》】冬《ふゆ》の川《かわ》は水量《すいりょう》が少《すく》なくなり、流《なが》れが細《ほそ》くなります。

冬川《ふゆかわ》の鏡《かがみ》のごとき一《ひと》ところ　清原枴童《きよはらかいどう》

【冬《ふゆ》の海《うみ》】冬《ふゆ》には、太平洋側《たいへいようがわ》の南《みなみ》の海《うみ》は晴《は》れることが多《おお》く、日本海側《にほんかいがわ》の海《うみ》は寒《さむ》い風《かぜ》が吹《ふ》き荒《あ》れてくもりがちになります。

ただ立《た》つやただ灰色《はいいろ》の冬《ふゆ》の海《うみ》　星野立子《ほしのたつこ》

白《しろ》い犬《いぬ》がとぼとぼ歩《ある》く冬《ふゆ》の海《うみ》　大野由貴《おおのゆき》（小5）

【霜柱《しもばしら》】寒《さむ》い夜《よる》に土《つち》の中《なか》の水分《すいぶん》が凍《こお》って細長《ほそなが》い結晶《けっしょう》となり、土《つち》を押《お》しあげて地表《ちひょう》にあらわれる現象《げんしょう》です。二十《にじゅっ》センチくらいになることもあります。

霜柱俳句《しもばしらはいく》は切字《きれじ》※18響《ひび》きけり　石田波郷《いしだはきょう》

霜柱探《しもばしらさが》しては踏《ふ》み登校《とうこう》す　長嶺千晶《ながみねちあき》

しもばしらなんでそんなに力《ちから》もち　ごとうゆき（小1）

【氷《こおり》】氷点下《ひょうてんか》になって水《みず》が固体《こたい》となったものです。湖《みずうみ》や池《いけ》などが凍《こお》ると、スケートをしたり穴釣《あなつ》り※19を楽《たの》しむこともできます。厚《あつ》くはった氷《こおり》を厚氷《あつごおり》といいます。

冬の川

※18 **切字《きれじ》**…俳句《はいく》の表現方法《ひょうげんほうほう》で、はっきりといいきるためのことば。代表的《だいひょうてき》なものに「や」「かな」「けり」などがあります。

※19 **穴釣《あなつ》り**…凍《こお》った湖《みずうみ》などの氷《こおり》に穴《あな》をあけて魚《さかな》を釣《つ》ること。

氷上《ひょうじょう》にかくも照《て》る星《ほし》あひ《い》ふれず　渡辺《わたなべ》水巴《すいは》
厚氷《あつごおり》これを見《み》にきしごとくなり※20　千葉《ちば》皓史《こうし》
水《みず》たちが氷《こおり》をはってかくれてる　阿部《あべ》隼也《としや》（小6）

【つらら】水《みず》のしたたりが凍《こお》って、軒先《のきさき》や木《き》の枝《えだ》から棒《ぼう》のように氷《こおり》が垂《た》れ下《さ》がったものをいいます。

みちのくの町《まち》はいぶせき※21氷柱《つらら》かな　山口《やまぐち》青邨《せいそん》
みちのくの星《ほし》入《い》り氷柱《つらら》われに呉《く》れよ　鷹羽《たかは》狩行《しゅぎょう》

【年《とし》の市《いち》】正月《しょうがつ》に使《つか》うさまざまな品物《しなもの》を売《う》る市《いち》が年《とし》の市《いち》です。昔《むかし》は、十二月《じゅうにがつ》なかばごろから月末《げつまつ》にかけて、神社《じんじゃ》や寺《てら》の境内《けいだい》などに露店《ろてん》が並《なら》び、大勢《おおぜい》の人《ひと》で賑《にぎ》わいました。今《いま》では市場《いちば》や商店街《しょうてんがい》、スーパーなどが歳末《さいまつ》の大売出《おおうりだ》しをするようになりました。また、年末《ねんまつ》になると、街角《まちかど》やお寺《てら》や神社《じんじゃ》の境内《けいだい》には、しめ飾《かざ》りや門松《かどまつ》を売《う》る仮《かり》のお店《みせ》ができますが、これを飾《かざ》り売《う》りといいます。

ぬかるみに踏《ふ》まれし歯朶《しだ》※22や年《とし》の市《いち》　渡辺《わたなべ》水巴《すいは》
夜空《よぞら》より大《おお》きな灰《はい》や年《とし》の市《いち》　桂《かつら》信子《のぶこ》
飾売《かざりうり》まづ暮《く》れなづむ大欅《おおけやき》　皆川《みながわ》盤水《ばんすい》

※20 **ごとくなり**…「〜のようだ」

※21 **いぶせき**…うっとうしい、いやだなあ、という気持《きも》ち。

※22 **歯朶《しだ》**…新年《しんねん》の飾《かざ》りに使《つか》うシダ植物《しょくぶつ》。裏白《うらじろ》と同《おな》じ。

飾り売り

【年用意《としようい》】新年《しんねん》を迎《むか》えるためのさまざまなしたくをいいます。畳替《たたみが》えをしたり、大掃除《おおそうじ》をしたり、しめ飾《かざ》りや正月料理《しょうがつりょうり》の準備《じゅんび》などをします。

一袋猫《ひとふくろねこ》もごまめ※23の年用意《としようい》　一茶《いっさ》

戸《と》の鈴《すず》もよく鳴《な》るやうに年用意《としようい》　中田《なかた》みづほ

【すす払《はら》い】新年《しんねん》を迎《むか》えるための大掃除《おおそうじ》のことです。昔《むかし》は十二月十三日《じゅうにがつじゅうさんにち》がすす払《はら》いの日《ひ》とされていましたが、今《いま》は大《おお》みそか近《ちか》くに行《おこ》なうところが多《おお》くなりました。神社《じんじゃ》や寺《てら》でも行《おこ》なわれます。また、すす払《はら》いのときに小《ちい》さな子《こ》どもやお年寄《としよ》りがすすをさけて別《べつ》の部屋《へや》にいたり外《そと》に出《で》ることをすすごもり、すす逃《に》げといいます。

上野《うえの》より富士見《ふじみ》ゆる日《ひ》や煤払《すすはら》ひ　沢木欣一《さわききんいち》

煤逃《すすに》げの手土産《てみやげ》下《さ》げて戻《もど》りけり　時永由布子《ときながゆうこ》

【餅《もち》つき】年《とし》の暮《く》れに新年用《しんねんよう》の餅《もち》をつくことですが、都会《とかい》ではなかなか見《み》られない光景《こうけい》になりました。臼《うす》にむしたもち米《ごめ》を入《い》れ、杵《きね》でつきます。

餅搗《もちつき》のまだはじまらぬ臼《うす》と杵《きね》　石田勝彦《いしだかつひこ》

おもちつきおもちのこながかおにつく　かいはらだいすけ（小2）

※23　**ごまめ**…田作《たづく》りともいいます。カタクチイワシを乾燥《かんそう》させたもので、新年《しんねん》のお祝《いわ》いに食《た》べます。

臼と杵

【年忘《としわす》れ】年《とし》の暮《く》れにおたがいの一年《いちねん》の苦労《くろう》をねぎらって、親《した》しい人《ひと》が集《あつ》まって宴会《えんかい》をすることをいいます。忘年会《ぼうねんかい》ともいいます。

拭《ふ》きこみし柱《はしら》の艶《つや》や年忘《としわすれ》　久保田万太郎《くぼたまんたろう》
年忘《としわす》れ最《もっと》も老《おい》を忘《わす》れけり　富安風生《とみやすふうせい》

【年越《としこ》しそば】大《おお》みそかの夜《よる》には、そばを食《た》べる風習《ふうしゅう》があります。そばのように長《なが》く生《い》きられるようにと願《ねが》うためで、江戸時代《えどじだい》にはじまりました。

ふるさとの出湯《でゆ》に年越《としこ》し蕎麦《そば》すすり　臼田亜浪《うすだあろう》

【冬休《ふゆやす》み】正月《しょうがつ》をはさんだ二週間《にしゅうかん》ほどの学校《がっこう》の休《やす》みのことをいいます。東京《とうきょう》や関西《かんさい》などでは、十二月二十五日《じゅうにがつにじゅうごにち》ごろから一月七日《いちがつなのか》ごろまで、東北《とうほく》など寒《さむ》さのきびしい地方《ちほう》では十二月二十日《じゅうにがつはつか》ごろから一月《いちがつ》なかばごろまで休《やす》みます。

雪降《ゆきふ》つ《(つ)》てゐ《い》る赤門《あかもん》※24や冬休《ふゆやすみ》　深見《ふかみ》けん二《じ》
湯《ゆ》の町《まち》の小学校《しょうがっこう》や冬休《ふゆやすみ》　高田風人子《たかだふうじんし》
あと少《すこ》しあと少《すこ》しだよ冬休《ふゆやす》み　上杉育未《うえすぎいくみ》（小6）

※24 **赤門《あかもん》**…ここでは東京大学《とうきょうだいがく》の朱塗《しゅぬ》りの門《もん》のこと。

そばをひく石うす

【ふとん】ふとんは一年中《いちねんじゅう》使《つか》うものですが、俳句《はいく》では冬《ふゆ》の季語《きご》とされています。冬《ふゆ》はふとんの暖《あたた》かさをいちばんありがたく感《かん》じるからです。毛布《もうふ》も季語《きご》です。

しきつめし布団《ふとん》の裾《すそ》をふみ通《とお》る　篠原《しのはら》梵《ぼん》

毛布《もうふ》あり母《はは》のごとくにあたたかし　松本《まつもと》たかし

【着《き》ぶくれ】冬《ふゆ》には寒《さむ》さを防《ふせ》ぐために何枚《なんまい》も衣類《いるい》を重《かさ》ねて着《き》ます。これを重《かさ》ね着《ぎ》、または厚着《あつぎ》といいますが、その結果《けっか》体《からだ》がふくれて見《み》えることを着《き》ぶくれといいます。俳句《はいく》らしいおかしみのあることばです。

着《き》ぶくれて笑《わら》ふは泣《な》くに似《に》たるかな　井上《いのうえ》土筆《つくし》

【セーター】毛糸《けいと》で編《あ》んだセーターは、冬《ふゆ》の防寒着《ぼうかんぎ》として欠《か》かせないものです。

セーターに枯葉《かれは》一片《いっぺん》旅《たび》さむし　加藤《かとう》楸邨《しゅうそん》

【外套《がいとう》】洋服《ようふく》の上《うえ》に着《き》る防寒着《ぼうかんぎ》です。厚手《あつで》の生地《きじ》でゆったりとできています。オーバーコート、オーバー、コートともいいます。

外套《がいとう》をはじめて着《き》し子《こ》胸《むね》にボタン　細見《ほそみ》綾子《あやこ》

【冬帽子《ふゆぼうし》】防寒《ぼうかん》のためにかぶる毛糸《けいと》や皮《かわ》の帽子《ぼうし》です。冬帽《ふゆぼう》ともいいます。

好《す》きな絵《え》に戻《もど》りてきたる毛糸帽《けいとぼう》　中西夕紀《なかにしゆき》

冬帽子《ふゆぼうし》まつ《(っ)》すぐな眼《め》でありにけり　石田郷子《いしだきょうこ》

【えり巻《ま》き】マフラーのことです。寒《さむ》さを防《ふせ》ぐために首《くび》に巻《ま》くもので、毛糸《けいと》で編《あ》んだものや毛皮《けがわ》など材質《ざいしつ》はいろいろです。

家鴨《あひる》追《お》ふ襟巻《えりまき》をして帽子《ぼうし》着《き》て　細見《ほそみ》綾子《あやこ》

風《かぜ》の子《こ》となるマフラーの吹流《ふきなが》し　上田五千石《うえだごせんごく》

【手袋《てぶくろ》】手袋《てぶくろ》は、ふだんでも手《て》をけがしないようにはめますが、冬《ふゆ》は、寒《さむ》さから守《まも》るためにはめることが多《おお》くなります。おもに毛糸《けいと》、革《かわ》などでできています。

手袋《てぶくろ》の十本《じゅっぽん》の指《ゆび》を深《ふか》く組《く》めり　山口誓子《やまぐちせいし》

手袋《てぶくろ》をはづ《ず》してくれる握手《あくしゅ》かな　山田《やまだ》葵《あおい》

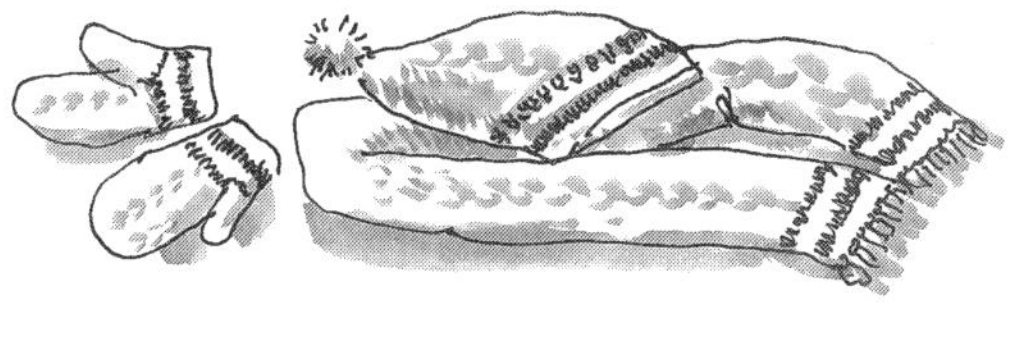

【マスク】寒《さむ》さや乾燥《かんそう》から鼻《はな》やのどを守《まも》るために鼻《はな》と口《くち》をおおうものでガーゼなどでつくられています。風邪《かぜ》が流行《りゅうこう》するとマスクをかけた人《ひと》が目《め》につきます。

遊《あそ》ぶ子《こ》のときをりマスク掛《か》け直《なお》す　加藤宵村《かとうしょうそん》

【毛糸編《けいとあ》む】毛糸《けいと》を編《あ》んでセーター、マフラーなどをつくることです。冬《ふゆ》の手仕事《てしごと》です。

毛糸編《けいとあみ》はじまり妻《つま》の黙《もだ》はじまる　加藤楸邨《かとうしゅうそん》

【葛湯《くずゆ》】葛粉《くずこ》（クズの根《ね》からとったでんぷん質《しつ》の粉《こな》）に砂糖《さとう》を入《い》れて、熱湯《ねっとう》でねったもので、体《からだ》があたたまる飲《の》みものです。

薄《うす》めても花《はな》の匂《にお》ひの葛湯《くずゆ》かな　渡辺水巴《わたなべすいは》

寝《ね》そびれし子《こ》にも練《ね》りやる葛湯《くずゆ》かな　長嶺千晶《ながみねちあき》

【焼《や》きいも】焼《や》いたさつまいものことをいいます。かつては、落葉焚《おちばた》きのときに焼《や》きいもをしたものですが、最近《さいきん》ではあまり見《み》かけない光景《こうけい》になりました。車《くるま》で売《う》りにくる石焼《いしやき》いももおいしいものです。

焼芋《やきいも》の固《かた》きをつつく火箸《ひばし》かな　室生《むろう》犀星《さいせい》

芋《いも》焼《や》くに余《あま》る落葉《おちば》を踏《ふ》まえけり　飯島《いいじま》桂峰《けいほう》

石焼《いしやき》の藷《いも》おいひいと言《い》ひにけり　境野《さかいの》大波《だいは》

ほかほかのやきいもわるとまっきいろ　今枝《いまえだ》秀二郎《しゅうじろう》（小3）

【寄《よ》せなべ】大《おお》きな鍋《なべ》に、しょう油《ゆ》や塩《しお》、みりんで味《あじ》つけしただし汁《じる》を煮立《にた》て、鶏肉《とりにく》や魚《さかな》、貝《かい》、かまぼこ、野菜《やさい》などを入《い》れて煮《に》ながら食《た》べるものです。冬《ふゆ》の夜《よる》にみんなで鍋《なべ》を囲《かこ》んで食《た》べる楽《たの》しさがあります。

又《また》例《れい》の寄鍋《よせなべ》にてもいたすべし　高浜《たかはま》虚子《きょし》

寄《よ》せ鍋《なべ》やさつ《（っ）》きまで叱《しか》られてゐ《い》て　山田《やまだ》葵《あおい》

【おでん】こんにゃくやはんぺん、ちくわ、大根《だいこん》などをしょう油味《ゆあじ》のだしで煮込《にこ》んだものです。関西《かんさい》では関東焚《かんとうだ》き、または関東煮《かんとうに》ともいいます。

戸《と》の隙《すき》におでんの湯気《ゆげ》の曲《まが》り消《き》え　高浜《たかはま》虚子《きょし》

おでん煮《に》てそのほかの家事《かじ》何《なに》もせず　山崎《やまざき》房子《ふさこ》

【霜除《しもよ》け】農作物《のうさくもつ》や庭木《にわき》などを霜《しも》の害《がい》から守《まも》るためにわらやむしろで囲《かこ》ったり、おおいをすることです。霜《しも》おおい、霜囲《しもがこ》いともいいます。

霜除《しもよけ》に眼鏡《めがね》を忘《わす》れ一夜《ひとよ》過《す》ぐ　山口青邨《やまぐちせいそん》

【雪囲《ゆきがこ》い】北国《きたぐに》では、雪《ゆき》の害《がい》から庭木《にわき》や家《いえ》を守《まも》るためにまわりを囲《かこ》います。よしずやむしろなどを垣根《かきね》のように立《た》てるので、雪垣《ゆきがき》とも雪《ゆき》よけともいいます。

雪囲《ゆきがこ》ひ《い》結《むす》び目《め》固《かた》く海《うみ》の前《まえ》　舘岡沙緻《たておかさち》

【雪掻《ゆきか》き】大雪《おおゆき》がふったあとスコップなどで雪《ゆき》を取《と》りのぞいて道《みち》をつくることです。雪《ゆき》の深《ふか》い地方《ちほう》では、除雪車《じょせつしゃ》を使《つか》うこともあります。雪踏《ゆきふ》みといって、雪掻《ゆきか》きをしたあとには、積《つ》もった雪《ゆき》を踏《ふ》み固《かた》めて通《とお》れるようにします。また、屋根《やね》に積《つ》った雪《ゆき》を取《と》りのぞくことを雪《ゆき》おろしといいます。たいへんな作業《さぎょう》ですが、早《はや》くしないと雪《ゆき》が凍《こお》りついてしまいます。

昼《ひる》よりも明《あか》るき夜《よる》の雪《ゆき》を掻《か》く　北《きた》　光星《こうせい》

除雪車《じょせつしゃ》のたむろしている駅《えき》に着《つ》く　福永鳴風《ふくながめいふう》

雪踏《ゆきふ》んで雪《ゆき》より低《ひく》く寝《ね》まりけり※25　吉田鴻司《よしだこうじ》

雪卸《ゆきおろし》している屋根《やね》に犬《いぬ》もを《お》り　三ツ谷謡村《みつやようそん》

※25 **寝《ね》まりけり**…「寝《ね》てしまう」という意味《いみ》。「寝《ね》まり」は「寝《ね》て」と同《おな》じ。

雪囲い

【冬《ふゆ》の灯《ひ》】冬灯《ふゆとも》し、寒灯《かんとう》ともいい、冬《ふゆ》の明《あ》かりのことです。

大阪《おおさか》の冬《ふゆ》の灯《ひ》ともる頃《ころ》へ出《で》る　後藤夜半《ごとうやはん》

子《こ》がかへ《え》り一《いち》寒灯《かんとう》の座《ざ》が満《み》ちぬ　加藤楸邨《かとうしゅうそん》

【暖房《だんぼう》】室内《しつない》や車内《しゃない》を暖《あたた》めるのが暖房《だんぼう》です。昔《むかし》は火鉢《ひばち》（火桶《ひおけ》）が使《つか》われていました。今《いま》ではストーブやエアコンが普及《ふきゅう》しています。また、こたつは日本《にほん》独特《どくとく》の暖《だん》房器具《ぼうきぐ》で、部屋《へや》の中《なか》に炉《ろ》を切《き》った切《きり》ごたつ（掘《ほり》ごたつ）と、持《も》ち運《はこ》びのできる置《おき》ごたつがあります。今《いま》は、この置《おき》ごたつが電気《でんき》を使《つか》った電気《でんき》ごたつとして使《つか》われています。西欧風《せいおうふう》の暖炉《だんろ》もいいものです。

なつかしき人《ひと》の名《な》をきく火桶《ひおけ》かな　籾山梓月《もみやましげつ》

茶《ちゃ》を出《だ》しぬ炬燵《こたつ》の猫《ねこ》を押落《おしおと》し　金子伊昔紅《かねこいせきこう》

うたたねの夢美《ゆめうつく》しやおきごたつ　久保《くぼ》より江《え》

ストーブの明《あか》るくなりて椅子《いす》の影《かげ》　山口青邨《やまぐちせいそん》

暖房車富士《だんぼうしゃふじ》を見《み》しあと子《こ》は眠《ねむ》り　渡会昌広《わたらいまさひろ》

手《て》をあてて火鉢《ひばち》のへりのなつかしく　大木《おおき》あまり

抱《かか》へ《え》来《き》し薪《まき》は白樺暖炉《しらかばだんろ》燃《も》ゆ　倉田晴生《くらたはるお》

ストーブが人《ひと》に囲《かこ》まれうれしそう　豊田優子《とよだゆうこ》（小5）

ストーブがだんだんあかくなってくる　丹部智昭《たんべともあき》（小5）

ひばち

【懐炉《かいろ》】胸《むね》や背中《せなか》などに入《い》れて体《からだ》を暖《あたた》める携帯用《けいたいよう》の暖房具《だんぼうぐ》です。昔《むかし》は、金属《きんぞく》などでつくった容器《ようき》に火《ひ》をつけた灰《はい》を入《い》れたり、揮発油《きはつゆ》を用《もち》いるものがありました。今《いま》は使《つか》い捨《す》ての紙製《かみせい》のカイロが普及《ふきゅう》しています。

一点《いってん》が懐炉《かいろ》で熱《あつ》し季節風《きせつふう》　日野草城《ひのそうじょう》

懐炉《かいろ》して臍《へそ》からさきにねむりけり　龍岡《たつおか》　晋《しん》

【焚火《たきび》】寒《さむ》い日《ひ》に、屋外《おくがい》で体《からだ》を暖《あたた》めるために枯木《かれき》や枯《か》れ草《くさ》を燃《も》やすことです。落《おち》葉《ば》をはき集《あつ》めて燃《も》やす落葉焚《おちばた》きなど、冬《ふゆ》ならではの光景《こうけい》です。

とつ《(っ)》ぷりと後暮《うしろく》れゐ《い》し焚火《たきび》かな　松本《まつもと》たかし

てつ《(っ)》ぺんにまたすくひ足《いた》す落葉焚《おちばたき》　蘭草慶子《いぐさけいこ》

【そり】雪《ゆき》や氷《こおり》の上《うえ》を馬《うま》に引《ひ》かせ、すべらせて人《ひと》や荷物《にもつ》を運《はこ》ぶ道具《どうぐ》で、雪国《ゆきぐに》では交通手段《こうつうしゅだん》として必要《ひつよう》なものでした。今《いま》では自動車《じどうしゃ》の普及《ふきゅう》で、遊《あそ》びやスポーツに用《もち》いられるものしか見《み》かけなくなりました。

月《つき》の出《で》てあかるくなりぬ橇《そり》の道《みち》　村上鬼城《むらかみきじょう》

乗《の》り捨《す》ての子《こ》の橇暮《そりく》るる雪《ゆき》の道《みち》　三嶋隆英《みしまりゅうえい》

【狩《かり》】山野《さんや》にすむ鳥《とり》や獣《けもの》を、毛皮《けがわ》をとったり、食用《しょくよう》にするために、猟銃《りょうじゅう》や、網《あみ》、罠《わな》などでとらえることです。ふつうは、十一月《じゅういちがつ》なかばから二月《にがつ》なかばまで（北海道《ほっかいどう》では十月《じゅうがつ》から一月《いちがつ》にかけて）行《おこな》われます。狩《かり》をする人《ひと》を狩人《かりうど》、または猟人《さつお》（猟《さつ》夫《お》）と呼《よ》び、猟犬《りょうけん》を使《つか》うこともあります。

一湾《いちわん》をたあんと開《ひら》く猟銃音《りょうじゅうおん》　山口誓子《やまぐちせいし》

雪上《せつじょう》に獲物《えもの》ころがし狩《かり》の宿《やど》　吉村《よしむら》ひさ志《し》

猟夫《さつお》行《ゆ》きてそれきり日《ひ》人《ひと》を見《み》ず　木幡冬馬《こはたとうま》

【わら仕事《しごと》】農家《のうか》では、冬《ふゆ》の農閑期《のうかんき》に米《こめ》を取《と》ったあとの稲《いな》わらを使《つか》って縄《なわ》やむしろ、俵《たわら》やぞうりなどをつくっていました。わらは叩《たた》いてやわらかくして使《つか》います。雪国《ゆきぐに》では雪《ゆき》ぐつやかんじきなどもたくさんつくられました。正月用《しょうがつよう》のしめ飾《かざ》りもわらでつくるものですが、これをつくることをとくにしめ作《づく》りといい、まだ穂《ほ》の出《で》ない青《あお》い稲《いね》を刈《か》り取《と》って保存《ほぞん》してあったものを使《つか》います。

大縄《おおなわ》を綯《な》ふや体《からだ》を傾《かたむ》けて　高野素十《たかのすじゅう》

藁《わら》打《う》つ音《おと》はじまる雪《ゆき》はまだやまず　大野林火《おおのりんか》

注連《しめ》作《つく》るしづかに藁《わら》の音《おと》かさね　松尾美穂《まつおみほ》

じいちゃんと一緒《いっしょ》に作《つく》ったしめかざり　山下美樹《やましたみき》（小4）

【サッカー】J《ジェイ》リーグなどでおなじみのサッカーは、冬《ふゆ》にふさわしいスポーツとして、俳句《はいく》では冬《ふゆ》の季語《きご》になっています。

サッカーの勝利《しょうり》の顔《かお》も拭《ふ》かず立《た》つ　福井貞子《ふくいさだこ》

【なわとび】なわとびは冬《ふゆ》の遊《あそ》びとして季語《きご》になっています。

縄跳《なわと》びや地《ち》を打《う》つ音《おと》の乾《かわ》きゐ《い》て　黒坂紫陽子《くろさかしようし》

なわとびをとべば元気《げんき》になっている　西村《にしむら》さき（小3）

【竹馬《たけうま》】二本《にほん》の竹《たけ》の棒《ぼう》に足《あし》をかけるための横木《よこぎ》をつけて、両手《りょうて》で竹《たけ》を握《にぎ》って乗《の》って歩《ある》く子《こ》どもの遊《あそ》び道具《どうぐ》です。江戸時代《えどじだい》からありました。

竹馬《たけうま》やいろはにほへとちりぢりに　久保田万太郎《くぼたまんたろう》

竹馬《たけうま》の雪蹴《ゆきけ》散《ち》らして上手《じょうず》かな　星野立子《ほしのたつこ》

【雪遊《ゆきあそ》び】積《つも》った雪《ゆき》の上《うえ》でそりに乗《の》ったり、雪合戦《ゆきがっせん》をしたり、雪《ゆき》だるまや雪《ゆき》うさぎ※26をつくったりして遊《あそ》ぶことをいいます。どれも子《こ》どもたちの冬《ふゆ》の楽《たの》しみです。

※26 **雪《ゆき》うさぎ**…お盆《ぼん》の上《うえ》などに雪《ゆき》でうさぎの形《かたち》をつくったもの。赤《あか》い木《き》の実《み》を目《め》に、細長《ほそなが》い木《き》の葉《は》を耳《みみ》にしたりします。

雪《ゆき》だるま星《ほし》のおしや《(や)》べりぺちや《(や)》くちや《(や)》と　松本《まつもと》たかし

靴紐《くつひも》を結《むす》ぶ間《ま》も来《く》る雪《ゆき》つぶて　中村汀女《なかむらていじょ》

朱《しゅ》の盆《ぼん》に載《の》せて丹波《たんば》※27の雪《ゆき》うさぎ　草間時彦《くさまときひこ》

山《やま》の子《こ》の湯気《ゆげ》の子《こ》となり雪遊《ゆきあそ》び　鈴木酔子《すずきすいし》

ゆきだるまゆきがふってもへいきだよ　河野直子《こうのなおこ》（小2）

きれいだな雪《ゆき》がっせんができるかな　宮本鮎美《みやもとあゆみ》（小1）

【スキー】スキーは冬《ふゆ》の代表的《だいひょうてき》なスポーツです。両足《りょうあし》に細長《ほそなが》いスキー板《いた》をつけ、雪《ゆき》の上《うえ》をすべって進《すす》みます。スキー場《じょう》では色《いろ》とりどりのスキーウェアが見《み》られます。一枚《いちまい》の板《いた》に乗《の》ってすべるスノーボードも人気《にんき》です。

スキー長《なが》し改札口《かいさつぐち》をとほ《お》るとき　藤後左右《とうごさゆう》

スキー迅《はや》し新雪《しんせつ》胸《むね》へしぶき来《く》る　角野良雄《かどのよしお》

【スケート】スキーとともに冬《ふゆ》の代表的《だいひょうてき》なスポーツです。底《そこ》に刃《は》のような金具《かなぐ》のついたスケート靴《ぐつ》をはいて氷《こおり》の上《うえ》をすべります。厚《あつ》く凍《こお》った湖《みずうみ》や池《いけ》、屋内《おくない》のスケートリンクなどで楽《たの》しみます。

スケートのひも結《むす》ぶ間《ま》もはやりつつ　山口誓子《やまぐちせいし》

子《こ》の手《て》とり母《はは》のスケート滑《すべ》り出《い》づ　後藤夜半《ごとうやはん》

※27 **丹波《たんば》**…昔《むかし》の地名《ちめい》で、だいたい今《いま》の京都府《きょうとふ》と兵庫県《ひょうごけん》にまたがる地域《ちいき》です。

【風邪《かぜ》】冬《ふゆ》は空気《くうき》が乾燥《かんそう》するため、鼻《はな》のねんまくなどが敏感《びんかん》になり風邪《かぜ》をひきやすくなります。くしゃみや咳《せき》が出《で》てつらいものです。感冒《かんぼう》ともいい、インフルエンザなどウイルス性《せい》の重《おも》いものもあります。くしゃみはくさめともいいます。

せきをしてもひとり　尾崎放哉《おざきほうさい》

店《みせ》の灯《ひ》の明《あか》るさに買《か》ふ風邪薬《かぜぐすり》　日野草城《ひのそうじょう》

咳《せき》の子《こ》のなぞなぞあそびきりもなや　中村汀女《なかむらていじょ》

せきをする母《はは》を見上《みあ》げてゐ《い》る子《こ》かな　中村汀女《なかむらていじょ》

嚔《くさめ》して円空仏《えんくうぶつ》と別《わか》れけり　庄司圭吾《しょうじけいご》

川音《かわおと》に首《くび》浮《う》くごとし風邪心地《かぜごこち》　中西夕紀《なかにしゆき》

【息白《いきしろ》し】気温《きおん》が低《ひく》いと吐《は》く息《いき》が白《しろ》く見《み》えます。白息《しらいき》ともいいます。

泣《な》きしあとわが白息《しらいき》の豊《ゆた》かなる　橋本多佳子《はしもとたかこ》

向《むこ》ふ《う》からくる人《ひと》ばかり息白《いきしろ》く　波多野爽波《はたのそうは》

寒《さむ》い朝白《あさしろ》いため息空《いきそら》にはく　姫野珠里《ひめのしゅり》（中3）

【霜焼《しもや》け】寒《さむ》さがきびしいときには血液《けつえき》の循環《じゅんかん》が悪《わる》くなるために、手足《てあし》や、耳《みみ》たぶや頬が赤《あか》くはれてかゆくなります。これを霜焼《しもや》けといいます。

霜《しも》やけのこどもねむればねむくなる　飴山《あめやま》實《みのる》

【あかぎれ】寒《さむ》さで皮膚《ひふ》が荒《あ》れて、手《て》や足《あし》の皮膚《ひふ》がこまかくひびわれたようになることをひびといいます。ひびがひどくなった状態《じょうたい》をあかぎれといいます。

皹《あかぎれ》といふ《う》いたさ《そ》うな言葉《ことば》かな　富安《とみやす》風生《ふうせい》

【日向《ひなた》ぼこ】冬《ふゆ》は日向《ひなた》に出《で》て暖《あたた》まることが多《おお》くなります。ガラス越《ご》しの縁側《えんがわ》などは温室《おんしつ》のように暖《あたた》かいものです。ひなたぼこり、ひなたぼっこともいいます。

ひとの釣《つ》る浮子《うき》見《み》て旅《たび》の日向《ひなた》ぼこ　山口《やまぐち》いさを

【酉《とり》の市《いち》】十一月《じゅういちがつ》の酉《とり》の日《ひ》※28に神社《じんじゃ》にたつ市《いち》で、福《ふく》を呼《よ》びこむ縁起物《えんぎもの》の熊手《くまで》を売《う》る店《みせ》が並《なら》びます。十一月《じゅういちがつ》の一番目《いちばんめ》の酉《とり》の日《ひ》を一《いち》の酉《とり》、次《つぎ》を二《に》の酉《とり》、三《さん》の酉《とり》といい、三《さん》の酉《とり》まである年《とし》は火事《かじ》が多《おお》いといわれています。

風《かぜ》の橋《はし》いくつ渡《わた》りし酉《とり》の市《いち》　梅田《うめだ》桑弧《そうこ》

かつぎ持《も》つ裏《うら》は淋《さび》しき熊手《くまで》かな　阿部《あべ》みどり女《じょ》

賑《にぎ》は《わ》しき匂《にお》ひ《い》の中《なか》の三《さん》の酉《とり》　山田《やまだ》みづえ

※28 **酉《とり》の日《ひ》**…酉《とり》は十二支《じゅうにし》の中《なか》の一《ひと》つ。十二支《じゅうにし》は時刻《じこく》や日《ひ》にち、方角《ほうがく》などを表《あらわ》します。

【勤労感謝《きんろうかんしゃ》の日《ひ》】十一月二十三日《じゅういちがつにじゅうさんにち》の国民《こくみん》の祝日《しゅくじつ》です。働《はたら》くことを尊《とうと》び、国民《こくみん》がたがいに感謝《かんしゃ》をする日《ひ》です。もともとは新嘗祭《にいなめさい》といって、その年《とし》の穀物《こくもつ》の収穫《しゅうかく》に感謝《かんしゃ》をささげる日《ひ》でした。新嘗祭《にいなめさい》は今《いま》でも皇室《こうしつ》などの行事《ぎょうじ》となっています。

何《なに》もせぬことも勤労感謝《きんろうかんしゃ》の日《ひ》　京極杜藻《きょうごくとそう》

母《はは》のエプロン壁《かべ》に勤労感謝《きんろうかんしゃ》の日《ひ》　朝倉和江《あさくらかずえ》

【七五三《しちごさん》】十一月十五日《じゅういちがつじゅうごにち》、三歳《さんさい》と五歳《ごさい》の男《おとこ》の子《こ》と、三歳《さんさい》と七歳《ななさい》の女《おんな》の子《こ》の成長《せいちょう》を祝《いわ》う行事《ぎょうじ》です。着飾《きかざ》った子《こ》どもが、お父《とう》さんやお母《かあ》さんに連《つ》れられて神社《じんじゃ》などに参詣《さんけい》する風習《ふうしゅう》があります。縁起物《えんぎもの》として千歳飴《ちとせあめ》が売《う》られます。

七五三《しちごさん》飴《あめ》も袂《たもと》もひきずりぬ　原田種茅《はらだたねじ》

七五三《しちごさん》高《たか》くは翔《た》たぬ鳩《はと》の群《むれ》　内山忍冬《うちやまにんどう》

【クリスマス】降誕祭《こうたんさい》ともいい、十二月二十五日《じゅうにがつにじゅうごにち》のキリストの誕生日《たんじょうび》を祝《いわ》う行事《ぎょうじ》です。前日《ぜんじつ》の夜《よる》をクリスマス・イブ（聖夜《せいや》）といい、クリスマスツリー（聖樹《せいじゅ》）を飾《かざ》ったり、ケーキを食《た》べたりカードを交換《こうかん》したりします。子《こ》どもたちは、サンタクロースを心待《こころま》ちにします。教会《きょうかい》ではおごそかにキリストの誕生《たんじょう》を祝《いわ》います。

聖樹灯《せいじゅとも》り水《みず》のごとくに月夜《つきよ》かな　飯田蛇笏《いいだだこつ》

聖夜《せいや》眠《ねむ》れり頸《くび》やはらかき幼《おさ》な子《ご》は　森《もり》　澄雄《すみお》

校庭《こうてい》は雪《ゆき》に灯撒《ひま》けりクリスマス　石田《いしだ》いづみ

犬《いぬ》の尾《お》のふさふさとしてクリスマス　石田郷子《いしだきょうこ》

クリスマスツリーがまどにうつってる　佐藤《さとう》めぐみ（小３）

【冬眠《とうみん》】寒《さむ》くなると蛇《へび》、とかげ、亀《かめ》、蛙《かえる》などの動物《どうぶつ》は活動《かつどう》をやめて、じっと眠《ねむ》って過《す》ごします。秋《あき》の終《おわ》りに蓄《たくわ》えた体内《たいない》の脂肪分《しぼうぶん》を少《すこ》しずつ使《つか》って生命《せいめい》を保《たも》つのです。熊《くま》やリスも眠《ねむ》って過《す》ごしますが、ときどき起《お》きて活動《かつどう》することもあります。

彼等《かれら》には冬《ふゆ》を眠《ねむ》るといふことあり　相生垣瓜人《あいおいがきかじん》

あかあかと日《ひ》や冬眠《とうみん》の蛇《へび》の谷《たに》　蓬田節子《よもぎだせつこ》

大木《たいぼく》にあながぽっかりとうみんす　吉村公太朗《よしむらこうたろう》（小３）

【熊《くま》】日本《にほん》にいる熊《くま》はツキノワグマとヒグマの二種類《にしゅるい》です。胸《むね》に三日月《みかづき》のような模様《もよう》があるツキノワグマは、草木《くさき》の根《ね》や芽《め》のほかに、蟹《かに》や蟻《あり》、甲虫《こうちゅう》の幼虫《ようちゅう》なども食《た》べます。ヒグマは北海道《ほっかいどう》にすみ、からだが大《おお》きく性質《せいしつ》も荒《あら》く、馬《うま》や牛《うし》もおそいます。冬《ふゆ》は樹木《じゅもく》の洞《うろ》などにこもって過《す》ごします。

撃《う》たれ熊《ぐま》もんどりうつを見《み》たりけり　長谷川耿子《はせがわこうし》

てのひらをやはらかく熊眠《くまねむ》れるか　井上弘美《いのうえひろみ》

【きつね】イヌ科《か》のほ乳動物《にゅうどうぶつ》で、日本《にほん》にはキタキツネ、ホンドギツネなどがいます。夜《よる》になると出《で》歩《ある》いて、野《の》うさぎや野《の》ねずみ、鳥《とり》や果実《かじつ》などを食《た》べます。大《おお》きいしっぽとつりあがった目《め》が特徴《とくちょう》で、注意深《ちゅういぶか》く、頭《あたま》のよい動物《どうぶつ》です。冬《ふゆ》にはえさを求《もと》めて人里《ひとざと》に出《で》てくることもあるので、見《み》かける機会《きかい》が多《おお》くなります。

すつ《(っ)》くと狐《きつね》すつ《(っ)》くと狐《きつね》日《ひ》に並《なら》ぶ　中村草田男《なかむらくさたお》
母《はは》と子《こ》のトランプ狐《きつね》啼《な》く夜《よ》なり　橋本多佳子《はしもとたかこ》

【たぬき】狐《きつね》と同《おな》じイヌ科《か》の動物《どうぶつ》で、「かちかち山《やま》」や「文福茶釜《ぶんぶくちゃがま》」などの昔話《むかしばなし》に出《で》てくる小太《こぶと》りで親《した》しみのある動物《どうぶつ》です。人里近《ひとざとちか》くにすみ、警戒心《けいかいしん》が少《すく》ないので昼間《ひるま》も活動《かつどう》することがあります。冬《ふゆ》には見《み》かけることが多《おお》くなり、わなをしかけるなどしてとらえることもあります。むじなとも呼《よ》ばれますが、実際《じっさい》には、むじなはアナグマの一種《いっしゅ》で別《べつ》の動物《どうぶつ》です。

吊《つる》るされて脚《あし》を揃《そろ》へし狸《たぬき》かな　清崎敏郎《きよさきとしお》
裏庭《うらにわ》にまはれば朝《あさ》の狸《たぬき》かな　津高里永子《つたかりえこ》

【うさぎ】「いなばの白《しろ》うさぎ」や「うさぎと亀《かめ》」の童謡《どうよう》などでおなじみの動物《どうぶつ》で、北海道《ほっかいどう》にいるのはユキウサギ、それより南《みなみ》にいるのはノウサギです。冬《ふゆ》にはうさぎ狩《が》りが行《おこ》なわれます。

飼《かい》うさぎ雪《ゆき》に放《はな》てば雪《ゆき》のいろ　小室善弘《こむろぜんこう》
うさぎ飼《か》うえさ当番《とうばん》は低学年《ていがくねん》　進藤佑美《しんどうゆみ》（小4）

【鷹《たか》】ハヤブサ科《か》のハヤブサや、ワシタカ科《か》のなかでわしより小型《こがた》の鳥《とり》を鷹《たか》と呼《よ》びます。昔《むかし》から、飼《か》い馴《な》らした鷹《たか》を狩《かり》に使《つか》ってきました。大空《おおぞら》をゆうゆうと飛《と》び、獲物《えもの》を見《み》つけると翼《つばさ》を閉《と》じて急降下《きゅうこうか》して襲《おそ》います。

鷹《たか》の羽《はね》を拾《ひろ》ひて持《も》てば風集《かぜつど》ふ　山口誓子《やまぐちせいし》
鳥《とり》のうちの鷹《たか》に生《うま》れし汝《なんじ》かな　橋本鶏二《はしもとけいじ》
大鷹《おおたか》の眼《め》に降《ふ》る雪《ゆき》となりにけり　小浜杜子男《こはまとしお》

【わし】日本《にほん》には、イヌワシ、オオワシ、オジロワシの三種類《さんしゅるい》がいます。多《おお》くは冬《ふゆ》に日本《にほん》に渡《わた》ってくる冬鳥《ふゆどり》です。現在《げんざい》では数《かず》も少《すく》なくなり、天然記念物《てんねんきねんぶつ》に指定《してい》されています。鳥《とり》や獣《けもの》をえさにするもののほかに、魚《さかな》をとって食《た》べる種類《しゅるい》もあります。空《そら》を旋回《せんかい》する姿《すがた》には風格《ふうかく》があります。

檻《おり》の鷲《わし》さびしくなれば羽摶《はう》つ※29かも　石田波郷《いしだはきょう》
大鷲《おおわし》の爪《つめ》あげて貌《かお》かきむしる　加藤楸邨《かとうしゅうそん》
大《おお》わしや風《かぜ》をつかんで飛行中《ひこうちゅう》　尾中《おなか》　彩《あや》（小4）

※29 **羽摶《はう》つ**…摶《う》つは「打《う》つ」と同《おな》じで、はばたくの意《い》。

わし

【鶴《つる》】おもに秋《あき》の終《お》わりごろにシベリア方面《ほうめん》から渡《わた》ってきて、春《はる》になると帰《かえ》ってゆく渡《わた》り鳥《どり》です。あしが長《なが》く、姿《すがた》が美《うつく》しいので、昔《むかし》からめでたい鳥《とり》として日本画《にほんが》などに描《えが》かれてきました。また、凍《こお》ったようにじっとしている鶴《つる》を凍鶴《いてづる》と呼《よ》びます。

凍鶴《いてづる》が羽《はね》ひろげたるめでたさよ　阿波野青畝《あわのせいほ》

すさまじき垂直《すいちょく》にして鶴佇《つるた》てり　齋藤《さいとう》　玄《げん》

鶴啼《つるな》くやわが身《み》のこゑと思《おも》ふまで　鍵和田秞子《かぎわだゆうこ》

夕空《ゆうぞら》を鋭《するど》く鶴《つる》の流《なが》れけり　中岡毅雄《なかおかたけお》

【笹鳴《ささなき》】夏《なつ》のあいだ山中《さんちゅう》で過《す》ごしたうぐいすが、冬《ふゆ》には里近《さとちか》くの笹《ささ》やぶの中《なか》に来《き》て、チャッチャッと鳴《な》くことをいいます。春《はる》のさえずりとはちがう地鳴《じな》きといわれる鳴《な》きかたです。笹子鳴《ささごな》くともいいます。

笹鳴《ささなき》に枝《えだ》のひかりのあつまりぬ　長谷川素逝《はせがわそせい》

笹子鳴《ささごな》きふたたび空《そら》はくもりけり　桂《かつら》　信子《のぶこ》

【ふくろう】フクロウ科《か》の鳥《とり》の仲間《なかま》は、世界中《せかいじゅう》に百種《ひゃくしゅ》をこえます。丸《まる》い顔《かお》をしていて首《くび》がぐるりとまわり、夜行性《やこうせい》で野《の》ねずみや鳥《とり》や昆虫《こんちゅう》を羽音《はおと》もたてずに近《ちか》づいてとらえる狩《かり》の名手《めいしゅ》です。冬《ふゆ》の夜《よる》にほうほうと鳴《な》く低《ひく》い声《こえ》は、さびしさを感《かん》じさせます。

梟《ふくろう》のねむたき貌《かお》の吹《ふ》かれける　軽部烏頭子《かるべうとうし》
梟《ふくろう》のはばたきに森《もり》白《しろ》くなる　津髙里永子《つたかりえこ》
ふくろうが暗《くら》い夜道《よみち》で歌《うた》ってる　堀《ほり》　翔太《しょうた》（小3）

【水鳥《みずとり》】鴨《かも》やかいつぶり、おしどり、白鳥《はくちょう》など、水《みず》の上《うえ》で暮《く》らす鳥《とり》すべてを水鳥《みずとり》と呼《よ》び、冬《ふゆ》の海《うみ》や川《かわ》や湖沼《こしょう》でいちばん多《おお》く見《み》られることから、冬《ふゆ》の季語《きご》とされています。また、翼《つばさ》の中《なか》に首《くび》をつっこんで水《みず》の上《うえ》で寝《ね》ている鳥《とり》を浮寝鳥《うきねどり》といいます。かいつぶりはにおともいって、水《みず》にもぐるのが得意《とくい》なやや小《ちい》さい水鳥《みずとり》です。

海《うみ》くれて鴨《かも》のこゑ《え》ほのかに白《しろ》し　芭蕉《ばしょう》
かいつぶり思《おも》は《わ》ぬ方《かた》に浮《うい》て出《で》る　正岡子規《まさおかしき》
水鳥《みずとり》の口《くち》しや《（や）》くりつつ水《みず》こぼす　阿波野青畝《あわのせいほ》
白鳥《はくちょう》といふ《う》一巨花《いちきょか》を水《みず》に置《お》く　中村草田男《なかむらくさたお》
浮寝鳥《うきねどり》光《ひかり》まみれになるらしき　津髙里永子《つたかりえこ》
大白鳥《おおはくちょう》すれちがうときすましがお　尾中拓也《おなかたくや》（小1）

【あんこう】一《いち》メートル以上《いじょう》にもなる平《ひら》べったい深海魚《しんかいぎょ》で、背中《せなか》にひれの変形《へんけい》した突起《とっき》があります。この突起《とっき》で小魚《こざかな》をおびきよせて大《おお》きな口《くち》でのみこんでしまいます。冬《ふゆ》に鍋《なべ》ものにして食《た》べます。

鮟鱇《あんこう》の骨《ほね》まで凍《い》ててぶちきらる　加藤楸邨《かとうしゅうそん》

【ふぐ】体長三十《たいちょうさんじゅっ》センチぐらいで丸々《まるまる》と太《ふと》り、おどかすと空気《くうき》で腹《はら》をふくらませて、ちょうちんのようになります。ほとんどのふぐは肝臓《かんぞう》と卵巣《らんそう》に強《つよ》い毒《どく》を持《も》っているので、特別《とくべつ》の免許証《めんきょしょう》のある料理人《りょうりにん》が注意《ちゅうい》して調理《ちょうり》したものを、鍋物《なべもの》（てっちり）や刺身《さしみ》にして食《た》べます。

朝《あさ》の海捨《うみす》てられて河豚滴《ふぐしたた》れる　原裕《はらゆたか》

虎河豚《とらふぐ》のまなこはなれてつぶらなる　林徹《はやしてつ》

河豚刺《ふぐさし》の泳《およ》いでいるよう青《あお》い皿《さら》　吉村正恵《よしむらまさえ》（小6）

【綿虫《わたむし》】体長二《たいちょうに》ミリほどの小《ちい》さな害虫《がいちゅう》で、りんごにつくリンゴワタムシ、梨《なし》につくナシワタムシなどがいます。綿《わた》のような白《しろ》い分泌物《ぶんぴつぶつ》で体《からだ》をつつみ、静《しず》かに舞《ま》う姿《すがた》から雪虫《ゆきむし》、雪蛍《ゆきぼたる》、雪《ゆき》ばんばとも呼《よ》ばれます。大綿《おおわた》ともいいます。

雪虫《ゆきむし》のゆらゆら肩《かた》を越《こ》えにけり　臼田亜浪《うすだあろう》

大綿《おおわた》は手《て》にとりやすしとれば死《し》す　橋本多佳子《はしもとたかこ》

綿虫《わたむし》の双手《もろて》ひらけばすでになし　石田《いしだ》あき子《こ》

綿虫《わたむし》に声集《こえあつま》つ《（っ）》てきたりけり　海津篤子《かいづあつこ》

【早梅《そうばい》】早咲《はやざ》きの梅《うめ》のことで、冬《ふゆ》の梅《うめ》ともいいます。真冬《まふゆ》でも、日当《ひあた》りのよい場《ば》所《しょ》では梅《うめ》の花《はな》が咲《さ》きはじめることがあります。早梅《そうばい》をたずねて歩《ある》くことを探梅《たんばい》といいます。

冬《ふゆ》の梅《うめ》あたり払《はら》つ《（っ）》て咲《さ》きにけり　一茶《いっさ》

早梅《そうばい》や日《ひ》はありながら風《かぜ》の中《なか》　原《はら》　石鼎《せきてい》

探梅《たんばい》や遠《とお》き昔《むかし》の汽車《きしゃ》にのり　山口誓子《やまぐちせいし》

【返《かえ》り花《ばな》】十一月《じゅういちがつ》ごろ、暖《あたた》かい小春日和《こはるびより》が続《つづ》くと、つつじや桜《さくら》、山吹《やまぶき》などが季節《きせつ》外《はず》れの花《はな》を一《いち》、二輪《にりん》咲《さ》かせることがあります。これを返《かえ》り花《ばな》（帰《かえ》り花《ばな》）、または返《かえ》り咲《ざ》き、忘《わす》れ花《ばな》などといいます。

返《かえ》り花《ばな》きらりと人《ひと》を引《ひ》きとどめ　皆吉爽雨《みなよしそうう》

約束《やくそく》のごとくに二《ふた》つ返《かえ》り花《ばな》　倉田紘文《くらたこうぶん》

早梅

【山茶花《さざんか》】庭《にわ》や垣根《かきね》などに植《う》えられる常緑樹《じょうりょくじゅ》で、十一月《じゅういちがつ》ごろ白《しろ》や紅色《べにいろ》の花《はな》をつけます。椿《つばき》の仲間《なかま》ですが、花《はな》ごと落《お》ちないで、花《はな》びらを散《ち》らします。直径《ちょっけい》五センチ前後《ぜんご》の花《はな》で、一重咲《ひとえざ》き八重咲《やえざ》きとあり、たくさんの黄色《きいろ》いおしべが目立《めだ》ちます。

山茶花《さざんか》の根《ね》もとの夕日《ゆうひ》掃《は》きにけり　西山《にしやま》誠《まこと》

サザンカのはっぱのうえに雨《あめ》のたま　山本《やまもと》なつみ（小2）

【八《や》つ手《で》の花《はな》】花八手《はなやつで》ともいい、大《おお》きな葉《は》が、開《ひら》いた手《て》のひらのような形《かたち》なのでついた名《な》です。十一月《じゅういちがつ》ごろ、茎《くき》の先《さき》に、こまかい白《しろ》い花《はな》が球《たま》のように咲《さ》きます。地味《じみ》な花《はな》ですが、庭先《にわさき》などでよく見《み》かける親《した》しみのある花《はな》です。

本《ほん》あけしほどのまぶしさ花八《はなや》つ手《で》　波多野爽波《はたのそうは》

花《はな》八《や》ツ手《で》ぽんぽんぽんと晴《は》れわたる　野木桃花《のぎとうか》

【茶《ちゃ》の花《はな》】お茶《ちゃ》の木《き》の花《はな》で、秋《あき》から冬《ふゆ》にかけて硬貨大《こうかだい》の白《しろ》い五弁《ごべん》の花《はな》をうつむきかげんに咲《さ》かせます。黄色《きいろ》いおしべが花《はな》びらよりも大《おお》きく目立《めだ》ちます。

茶《ちゃ》の花《はな》に暖《あたたか》き日《ひ》のしまひ《い》※30かな　高浜虚子《たかはまきょし》

茶《ちゃ》の花《はな》や働《はたら》くこゑ《え》のちらばりて　大野林火《おおのりんか》

※30 しまひ《い》…おわり。

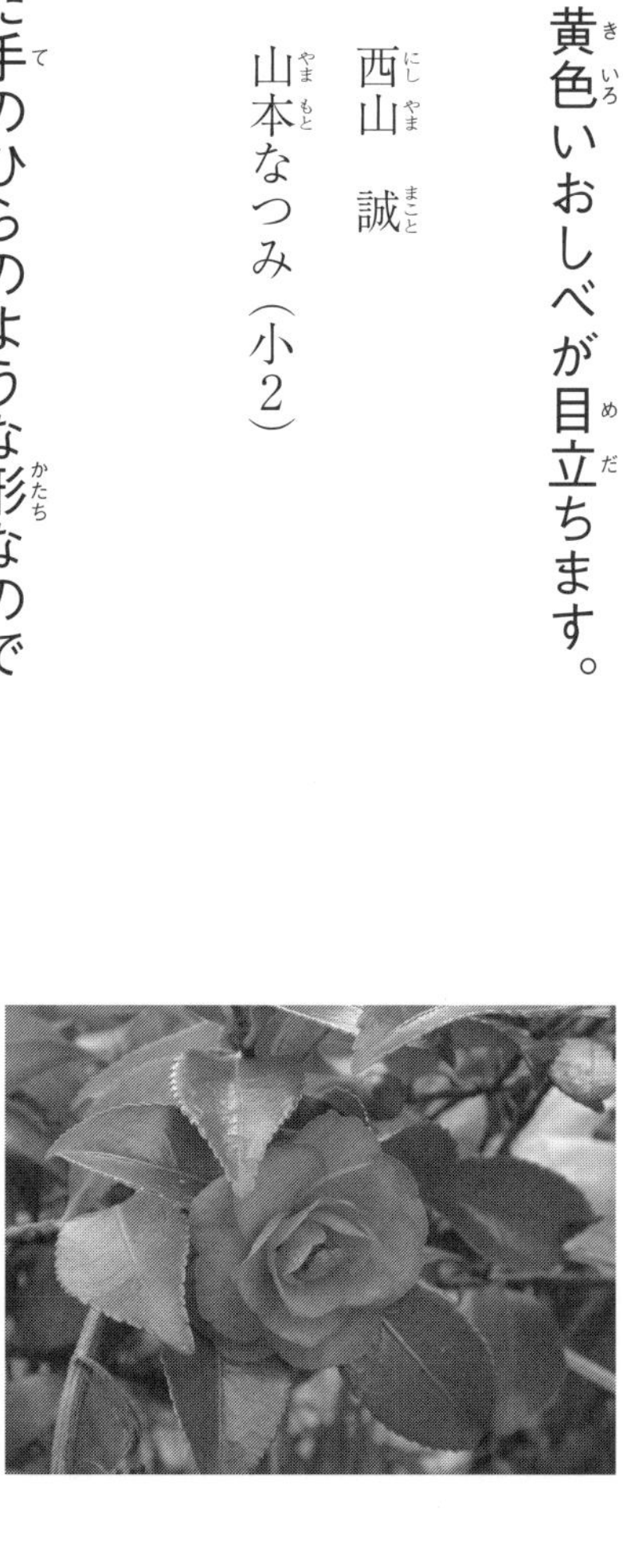
山茶花

茶の花

【室咲《むろざ》き】温室《おんしつ》で育《そだ》てた花《はな》のことです。外《そと》は寒《さむ》くても、ガラスやビニールでつくられた温室《おんしつ》なら、春夏《はるなつ》の花《はな》を咲《さ》かせて楽《たの》しむことができます。室《むろ》の花《はな》ともいいます。

室咲《むろざ》きの花《はな》のいとしく美《うつく》しく　久保田万太郎《くぼたまんたろう》

カタコトとスチームが来《く》る室《むろ》の花《はな》　富安風生《とみやすふうせい》

【ポインセチア】クリスマスの鉢植《はちうえ》として人気《にんき》がある植物《しょくぶつ》で、温室《おんしつ》で育《そだ》てられます。花《はな》は小《ちい》さく目立《めだ》ちませんが、明《あか》るい真赤《まっか》な葉《は》がはなやかです。

ポインセチアただ一行《いちぎょう》の愛《あい》をこめ　正木千冬《まさきちふゆ》

まつ《(っ)》暗《くら》にされたるポインセチアかな　千葉皓史《ちばこうし》

【青木《あおき》の実《み》】青木《あおき》は、よく庭《にわ》などにも植《う》えられる常緑樹《じょうりょくじゅ》です。冬《ふゆ》には、だ円形《えんけい》の実《み》が真赤《まっか》に熟《じゅく》し、つややかな緑《みどり》の葉《は》の中《なか》でかがやくように見《み》えます。

掃《は》きつめし雪《ゆき》なだらかや青木《あおき》の実《み》　佐久間法師《さくまほうし》

雪降《ゆきふ》りし日《ひ》も幾度《いくたび》よ青木《あおき》の実《み》　中村汀女《なかむらていじょ》

ポインセチア

【みかん】みかんは冬《ふゆ》の代表的《だいひょうてき》なくだものです。暖《あたた》かい地方《ちほう》の山《やま》などの傾斜地《けいしゃち》で育《そだ》てられます。みかんがよくなっている山《やま》をみかん山《やま》といいます。

道々《みちみち》に蜜柑《みかん》の皮《かわ》をこぼし行《ゆ》く　高浜虚子《たかはまきょし》

蜜柑山《みかんやま》の中《なか》に村《むら》あり海《うみ》もあり　藤後左右《とうごさゆう》

店先《みせさき》でみかんがころっと笑《わら》ってる　安斎洋子《あんざいようこ》（中3）

【ひいらぎの花《はな》】ひいらぎは生垣《いけがき》などにされる常緑低木《じょうりょくていぼく》で、葉《は》のふちにぎざぎざがあり、その先《さき》にはとげがあります。冬《ふゆ》には葉《は》のつけねにこまかい白《しろ》い花《はな》が集《あつ》まってつき、よい香《かお》りをただよわせます。

柊《ひいらぎ》の葉《は》の間《あいだ》より花《はな》こぼれ　高浜虚子《たかはまきょし》

【冬紅葉《ふゆもみじ》】冬《ふゆ》になっても残《のこ》っている紅葉《もみじ》のことです。秋《あき》のいちめんの紅葉《もみじ》も美《うつく》しいものですが、冬《ふゆ》の青空《あおぞら》の下《した》、あたりが枯《か》れはじめている中《なか》で残《のこ》る紅葉《もみじ》もまた美《うつく》しく感《かん》じます。

冬紅葉冬《ふゆもみじふゆ》のひかりをあつめけり　久保田万太郎《くぼたまんたろう》

冬紅葉《ふゆもみじ》しづ《ず》かに人《ひと》を歩《あゆ》ましむ　富安風生《とみやすふうせい》

【落葉《おちば》】冬《ふゆ》になって木《き》から枯《か》れ落《お》ちたあらゆる葉《は》のことです。形《かたち》も大《おお》きさもさまざまで、色《いろ》もこげ茶《ちゃ》、うす茶《ちゃ》、赤《あか》や黄色《きいろ》や緑《みどり》の残《のこ》るものなどさまざまです。落葉《おちば》が積《つ》った山《やま》は落葉山《おちばやま》、それぞれの木《き》の落葉《おちば》を柿落葉《かきおちば》とか朴落葉《ほおおちば》などと呼《よ》びます。

落葉《おちば》入《い》れてみたくなる自動改札機《じどうかいさつき》　木幡冬馬《こはたとうま》
落葉《おちば》してひとりに丁度《ちょうど》よき木《き》かな　石田郷子《いしだきょうこ》
つむじ風《かぜ》落葉《おちば》を空《そら》に連《つ》れていく　吉用　卓《よしもちすぐる》（小5）
自転車《じてんしゃ》のあとついていく落葉《おちば》たち　小野明歩《おのあきほ》（小3）

【枯葉《かれは》】草《くさ》や木《き》の枯《か》れている葉《は》のことをいいます。また、風《かぜ》に吹《ふ》き飛《と》ばされる葉《は》や、やっと木々《きぎ》に残《のこ》っている葉《は》を木《こ》の葉《は》と呼《よ》びます。

一《ひと》ひらの枯葉《かれは》に雪《ゆき》のくぼみをり　高野素十《たかのすじゅう》
木《こ》の葉《は》ふりやまずいそぐないそぐなよ　加藤楸邨《かとうしゅうそん》

【冬枯《ふゆが》れ】寒《さむ》さが増《ま》して草木《くさき》がすっかり枯《か》れた景色《けしき》のことをいい、枯《か》れともいいます。

冬《ふゆ》がれの里《さと》を見《み》おろす峠《とうげ》かな　召波《しょうは》
草山《くさやま》の奇麗《きれい》に枯《か》れてしまひけり　正岡子規《まさおかしき》

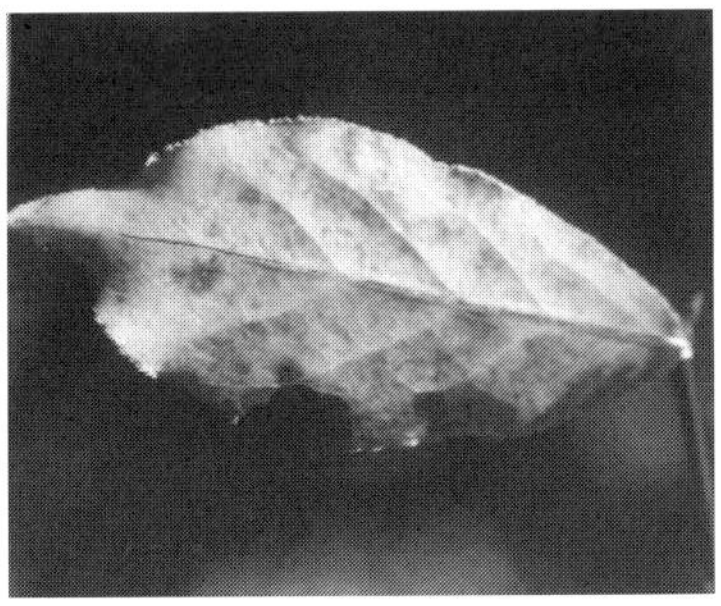

【冬木《ふゆき》】葉《は》が落《お》ちる落葉樹《らくようじゅ》も、落《お》ちない常緑樹《じょうりょくじゅ》も含《ふく》めて、冬《ふゆ》の寒空《さむぞら》に立《た》つ木《き》のことをいいます。冬木《ふゆき》が立《た》ち並《なら》んだものを冬木立《ふゆこだち》、冬《ふゆ》の林《はやし》を寒林《かんりん》といいます。

大空《おおぞら》に延《の》び傾《かたむ》ける冬木《ふゆき》かな　高浜虚子《たかはまきょし》
風《かぜ》も日《ひ》もたやすくぬけて冬木立《ふゆこだち》　土生重次《はぶじゅうじ》
いつ《（っ）》ぽんの冬木《ふゆき》に待《ま》たれゐ《い》ると思《おも》へ《え》　長谷川《はせがわ》　櫂《かい》
寒林《かんりん》に泣《な》き果《は》てし子《こ》の軽《かる》くなる　森賀《もりが》まり
冬《ふゆ》の木《き》が寒《さむ》い寒《さむ》いとおどってる　松本絵実《まつもとえみ》（小4）

【枯木《かれき》】葉《は》が落《お》ちて、まるで枯《か》れたように見《み》える落葉樹《らくようじゅ》をいいます。裸木《はだかぎ》ともいい、枯枝《かれえだ》、枯木立《かれこだち》などのいい方《かた》もします。また、枯木《かれき》越《ご》しに見《み》える星《ほし》を枯木星《かれきぼし》、枯木《かれき》の間《あいだ》を通《とお》っている道《みち》を枯木道《かれきみち》と呼《よ》びます。

枯木星《かれきぼし》またたきいでし又《また》ひとつ　水原秋櫻子《みずはらしゅうおうし》
鳥《とり》の目《め》が空《そら》のどこかに枯木立《かれこだち》　岡田日郎《おかだにちお》
立《た》ち上《あが》り立《た》ち上《あが》りくる枯木《かれき》かな　石田郷子《いしだきょうこ》

【水仙《すいせん》】暖《あたた》かい地方《ちほう》の海岸沿《かいがんぞ》いに多《おお》く見《み》られる植物《しょくぶつ》で、栽培《さいばい》もさかんです。冬《ふゆ》の寒《さむ》い時期《じき》に、茎《くき》の先《さき》に白《しろ》い六弁《ろくべん》のよい香《かお》りの花《はな》をいくつかつけます。春《はる》に咲《さ》くらっぱ水仙《ずいせん》や黄水仙《きずいせん》は春《はる》の季語《きご》です。

水仙《すいせん》の葉《は》で水仙《すいせん》を束《たば》ねたり　合川月林子《あいかわげつりんし》

水仙《すいせん》が水仙《すいせん》をうつあらしかな　矢島渚男《やじまなぎさお》

【冬菊《ふゆぎく》】寒菊《かんぎく》ともいい、冬《ふゆ》になって咲《さ》く遅咲《おそざ》きの菊《きく》や、咲《さ》き残《のこ》っている菊《きく》のことをいいます。

寒菊《かんぎく》の霜《しも》を払《はら》つ《(っ)》て剪《き》りにけり　富安風生《とみやすふうせい》

冬菊《ふゆぎく》のまとふ《う》はおのがひかりのみ　水原秋櫻子《みずはらしゅうおうし》

【葉《は》ぼたん】キャベツの変種《へんしゅ》で観賞用《かんしょうよう》に改良《かいりょう》された植物《しょくぶつ》です。紫《むらさき》や白《しろ》の葉《は》がぼたんの花《はな》のようにはなやかなので、葉《は》ぼたんといいます。新年《しんねん》の飾《かざ》りとしても植《う》えられます。

葉牡丹《はぼたん》にうすき日《ひ》さして来《き》ては消《き》え　久保田万太郎《くぼたまんたろう》

葉牡丹《はぼたん》やわが想《おも》ふ《う》顔《かお》みな笑《え》まふ《う》※31　石田波郷《いしだはきょう》

※31 笑《え》まふ《う》…ほほえむ。

水仙

葉ぼたん

【冬菜《ふゆな》】白菜《はくさい》や小松菜《こまつな》など、冬《ふゆ》に畑《はたけ》で栽培《さいばい》される葉《は》ものの野菜《やさい》のことをいいます。枯《か》れた景色《けしき》の中《なか》で、霜《しも》よけをほどこされた冬菜畑《ふゆなばた》はひときわ青々《あおあお》としています。

人《ひと》のかげ冬菜《ふゆな》のかげとやはらか《わ》き　桂《かつら》信子《のぶこ》

道《みち》へだて小学校《しょうがっこう》や冬菜畑《ふゆなばた》　高橋春灯《たかはししゅんとう》

白菜《はくさい》を買《か》ふ《う》ふつ《(っ)》くらとした手《て》かな　石田勝彦《いしだかつひこ》

【ねぎ】独特《どくとく》の香《かお》りがある野菜《やさい》です。生《なま》で薬味《やくみ》にしたり、焼《や》いたり煮《に》たりして食《た》べます。根深《ねぶか》ともいいます。

ことごとく折《お》れて真昼《まひる》の葱畑《ねぎばたけ》　鷹羽狩行《たかはしゅぎょう》

白葱《しろねぎ》のひかりの棒《ぼう》をいま刻《きざ》む　黒田杏子《くろだももこ》

【大根《だいこん》】冬《ふゆ》の代表的《だいひょうてき》な根菜《こんさい》で、根《ね》の部分《ぶぶん》を食用《しょくよう》とします。甘《あま》さとほろ苦《にが》さがあり、生《なま》で薬味《やくみ》やつけものにしたり、煮《に》て風呂吹《ふろふ》き大根《だいこん》やおでんなどにします。

大根引《だいこひき》大根《だいこ》で道《みち》を教《おし》へ《え》けり　一茶《いっさ》

流《なが》れ行《ゆ》く大根《だいこん》の葉《は》の早《はや》さかな　高浜虚子《たかはまきょし》

畑大根《はただいこ》皆肩《みなかた》出《だ》して月《つき》浴《あ》びぬ　川端茅舎《かわばたぼうしゃ》

三方《さんぽう》に山《やま》の重《おも》たき大根《だいこ》引《ひ》き　海津篤子《かいづあつこ》

【かぶ】アブラナ科《か》の根菜《こんさい》で、つけものや煮物《にもの》にして食《た》べます。かぶらともいいます。七草《ななくさ》がゆに入《い》れるすずなはかぶのことです。

大鍋《おおなべ》に煮《に》くづれ甘《あま》きかぶらかな　河東碧梧桐《かわひがしへきごとう》

【竜《りゅう》の玉《たま》】リュウノヒゲ（ジャノヒゲ）という植物《しょくぶつ》の実《み》です。細長《ほそなが》いふさふさした葉《は》に隠《かく》れるようにつく丸《まる》いるり色《いろ》の実《み》です。蛇《じゃ》のひげの実《み》ともいいます。

人《ひと》の手《て》に惜《お》しみ返《かえ》へしぬ竜《りゅう》の玉《たま》　皆吉爽雨《みなよしそうう》
竜《りゅう》の玉《たま》沈《しず》めるこころ沈《しず》めおく　石田《いしだ》いづみ

【冬草《ふゆくさ》】冬《ふゆ》でも青々《あおあお》としている草《くさ》のことで、冬青草《ふゆあおくさ》ともいいます。また日当《ひあた》りのよいところなどで冬《ふゆ》に草《くさ》や木《き》が芽吹《めぶ》くことを冬萌《ふゆもえ》といいます。

胸《むね》あつく冬青草《ふゆあおくさ》が日《め》にありき　加藤楸邨《かとうしゅうそん》
冬草《ふゆくさ》に日《ひ》のよく当《あ》たる売《う》り地《ち》かな　渋沢渋亭《しぶさわしぶてい》
冬萌《ふゆもえ》や朝《あさ》の体温《たいおん》子《こ》にかよふ《う》　加藤知世子《かとうちよこ》

竜の玉

新年《しんねん》

【新年《しんねん》】一年《いちねん》のはじめのことです。俳句《はいく》では、新《あたら》しい年《とし》になったことを、年立《とした》つ、年改《としあらた》まる、年明《としあ》くる（年明《としあ》ける）、年迎《としむか》ふ（年迎《としむか》える）などともいいます。旧暦《きゅうれき》では、新年《しんねん》と春《はる》はほぼいっしょでした。

犬《いぬ》の鼻《はな》大《おお》いにひかり年立《とした》ちぬ　加藤楸邨《かとうしゅうそん》

オリオンの盾《たて》新《あたら》しき年《とし》に入《い》る　橋本多佳子《はしもとたかこ》

【初春《はつはる》】旧暦《きゅうれき》では、元日《がんじつ》がちょうど立春《りっしゅん》のころに当《あた》っていました。つまり、年《とし》のはじめは春《はる》のはじめ、初春《はつはる》だったのです。今《いま》でも年賀状《ねんがじょう》に初春《はつはる》と書《か》くのはそのためです。

初春《はつはる》の風《かぜ》にひらくよ象《ぞう》の耳《みみ》　原《はら》　和子《かずこ》

【正月《しょうがつ》】一年《いちねん》の最初《さいしょ》の月《つき》、一月《いちがつ》のことです。正月《しょうがつ》に「お」をつけてお正月《しょうがつ》というのは、新《あたら》しい年《とし》を迎《むか》えためでたさをあらわしたものです。

正月《しょうがつ》や山雀《やまがら》あそぶ松《まつ》さくら　渡辺水巴《わたなべすいは》

お正月《しょうがつ》なわとびの風《かぜ》新《あたら》しく　藤川佳子《ふじかわよしこ》（小5）

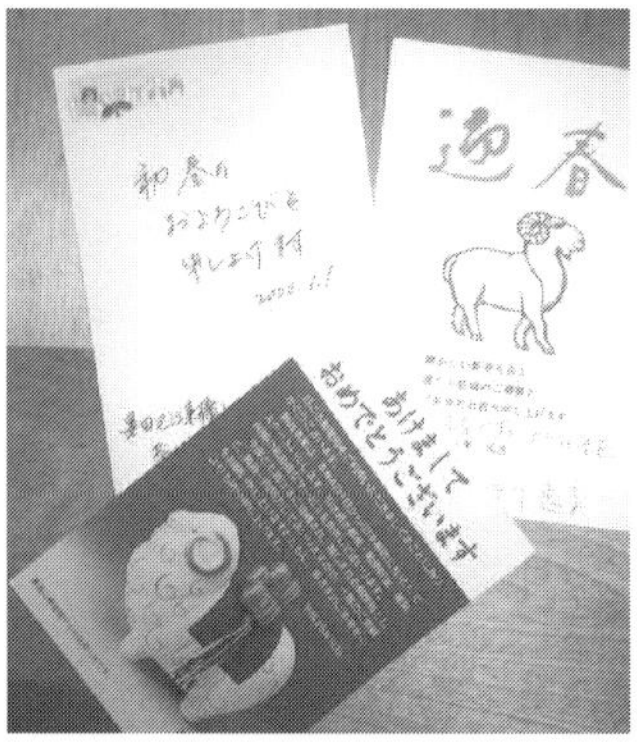

【去年今年《こぞことし》】新《あたら》しい年《とし》になって「ああ、もう昨日は去年になってしまった。今日《きょう》はもう今年《ことし》。時間《じかん》の流《なが》れるのはほんとうに早《はや》いなあ」という深《ふか》い思《おも》いがこもったことばです。去年《こぞ》も今年《ことし》もそれぞれ新年《しんねん》の季語《きご》です。

去年《こ》今年《ことし》貫《つらぬ》く棒《ぼう》の如《ごと》きもの　高浜虚子《たかはまきょし》

大《おお》いなる日《ひ》の昇《のぼ》り来《き》し今年《ことし》かな　羽村野石《はむらのせき》

【元日《がんじつ》】一月一日《いちがつついたち》のことを元日《がんじつ》、元日《がんじつ》の朝《あさ》のことを元旦《がんたん》、元朝《がんちょう》、または大旦《おおあした》といいます。元《がん》とは、はじめを意味《いみ》します。

波《なみ》の音《おと》たかく元日《がんじつ》をはりけり　久保田万太郎《くぼたまんたろう》

大旦《おおあした》はじめの言葉《ことば》嬰《やや》※32が出《だ》す　長谷川双魚《はせがわそうぎょ》

【三が日《さんがにち》】正月《しょうがつ》の一日《ついたち》、二日《ふつか》、三日《みっか》を三《さん》が日《にち》といいます。この三日間《みっかかん》が最《もっと》も正月《しょうがつ》らしい気分《きぶん》がするといえるでしょう。家庭《かてい》では、三《さん》が日《にち》には毎朝《まいあさ》雑煮《ぞうに》を食《た》べ、新年《しんねん》を祝《いわ》います。

顔触《かおぶ》れも同《おな》じ三日《みっか》の釣堀《つりぼり》に　瀧《たき》　春一《しゅんいち》

留守《るす》を訪《と》ひ留守《るいるす》を訪《とわ》はれし二日《ふつか》かな　五十嵐播水《いがらしばんすい》

ふるさとにある三ケ日《さんがにち》雪止《ゆきや》まず　今村青魚《いまむらせいぎょ》

※32 嬰《やや》…みどりごともいい、赤《あか》ちゃんのこと。

【松《まつ》の内《うち》】正月《しょうがつ》の門松《かどまつ》を立《た》てておく間《あいだ》をいいます。関東《かんとう》では元日《がんじつ》から七日《なのか》まで、関西《かんさい》では十五日《じゅうごにち》までです。

しづかなる雨《あめ》一夜《ひとよ》あり松《まつ》の内《うち》　能村登四郎《のむらとしろう》

訪《たず》ね来《く》る髪美《かみうつく》しき松《まつ》の内《うち》　中谷朔風《なかたにさくふう》

【小正月《こしょうがつ》】一月十五日《いちがつじゅうごにち》を小正月《こしょうがつ》とよびます。正月《しょうがつ》の間《あいだ》、忙《いそが》しかった女性《じょせい》たちが、この日《ひ》から新年《しんねん》のあいさつ回《まわ》りなどをはじめるので女正月《おんなしょうがつ》（女正月《めしょうがつ》）とも呼《よ》ばれます。

あたたかく暮《く》れて月夜《つきよ》や小正月《こしょうがつ》　岡本圭岳《おかもとけいがく》

玄関《げんかん》に日《ひ》の差《さ》してゐ《い》る女正月《めしょうがつ》　宮津昭彦《みやつあきひこ》

【初日《はつひ》】元日《がんじつ》の日《ひ》の出《で》、または太陽《たいよう》をさします。初日《はつひ》の光《ひかり》のことを初明《はつあか》りともいい、空《そら》がうっすらと茜色《あかねいろ》※33になってきたのを初茜《はつあかね》といいます。

大初日《おおはつひ》海《うみ》はなれんとしてゆらぐ　上村占魚《うえむらせんぎょ》

馬小屋《うまごや》に馬目覚《うまめざ》めゐ《い》て初茜《はつあかね》　有働《うどう》　亨《とおる》

八ケ岳《やつがたけ》まづ《ず》一峰《いっぽう》の初明《はつあか》り　宇都木水晶花《うつぎすいしょうか》

日の出

※33 茜色《あかねいろ》…すこし暗《くら》い赤《あか》。

【お降《さが》り】元日《がんじつ》、あるいは三《さん》が日《にち》に降《ふ》る雨《あめ》や雪《ゆき》のことをいいます。

お降《さが》りといへ《え》る言葉《ことば》も美《うつく》しく　高野素十《たかのすじゅう》

御《お》降《さがり》やはや※34ともしびのほしきころ　辻《つじ》桃子《ももこ》

【初景色《はつげしき》】元日《がんじつ》に見《み》る景色《けしき》のことをいいます。景色《けしき》がすばらしいといわれる名所《めいしょ》はもちろんのこと、いつもの町《まち》の風景《ふうけい》も、この日《ひ》はとくに美《うつく》しくめでたい感《かん》じがします。また、元日《がんじつ》に見《み》る富士山《ふじさん》のことを初富士《はつふじ》と呼《よ》びます。

初富士《はつふじ》のかなしきまでに遠《とお》きかな　山口青邨《やまぐちせいそん》

わが撞《つ》きし音《おと》の中《なか》なる初景色《はつげしき》　堀《ほり》葦男《あしお》

初景色《はつげしき》富士《ふじ》を大《おお》きく母《はは》の郷里《さと》　文挾夫佐恵《ふばさみふさえ》

【門松《かどまつ》】正月《しょうがつ》に、家《いえ》の門《もん》や戸口《とぐち》に立《た》てる一対《いっつい》の松《まつ》で、年神《としがみ》が宿《やど》る木《き》であったといわれます。門松《かどまつ》といっても松《まつ》とはかぎらず、他《た》の木《き》を立《た》てることもあります。

門松《かどまつ》に青《あお》きゆふ《う》ぐれ来《き》たりけり　柏木冬魚《かしわぎとうぎょ》

このあたり同《おな》じ家並《やなみ》や松立《まつた》てて　島田青峰《しまだせいほう》

※34　はや…「はやくも」と同《おな》じで「もう」「すでに」という意味《いみ》。

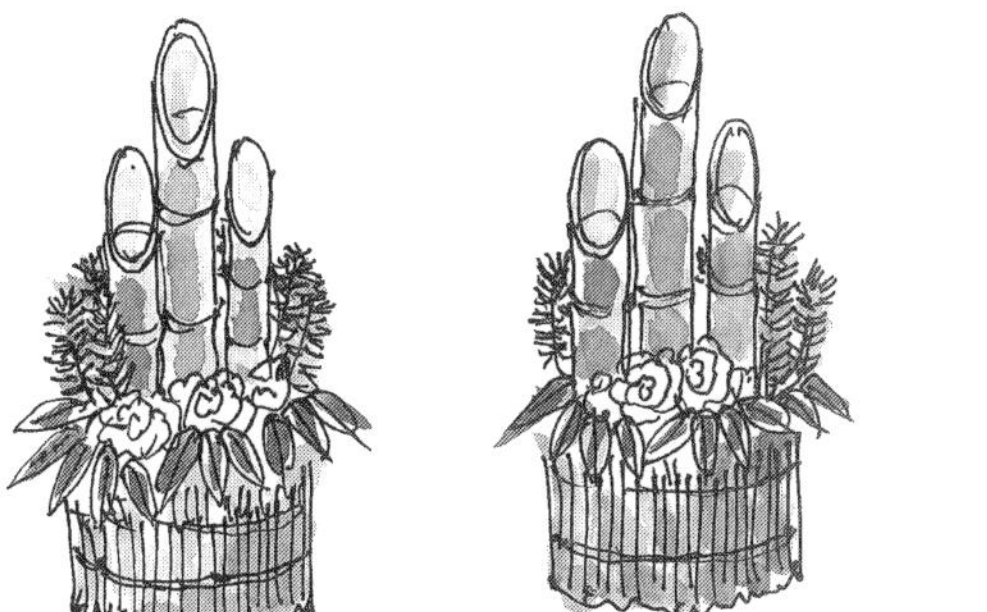

門松

【飾《かざ》り】お飾《かざ》りともいい、しめ飾《かざ》り、飾《かざ》り松《まつ》、輪飾《わかざ》りなど、正月《しょうがつ》の飾《かざ》りものすべてをさします。神棚《かみだな》をはじめ、門《もん》、戸口《とぐち》、玄関《げんかん》、床《とこ》の間《ま》、台所《だいどころ》、井戸《いど》など、いろいろなところに飾《かざ》られます。自動車《じどうしゃ》や舟《ふね》などに輪飾《わかざ》りをつけているのを見《み》ることもあります。

輪飾《わかざり》にしめきつ《(っ)》てある小門《こもん》かな　正岡子規《まさおかしき》

輪飾《わかざり》の少《すこ》しゆがみて目出度《めでた》けれ　高浜虚子《たかはまきょし》

飾《かざり》してわれにもちさき書斎《しょさい》あり　黒田杏子《くろだももこ》

【鏡餅《かがみもち》】正月《しょうがつ》に、年神《としがみ》（その年《とし》の福《ふく》をつかさどる神《かみ》）に供《そな》えたり、床《とこ》の間《ま》に飾《かざ》ったりする丸《まる》く平《ひら》たい餅《もち》です。大小《だいしょう》二個《にこ》を重《かさ》ねた上《うえ》にだいだいを置《お》き、昆布《こんぶ》、伊勢《いせ》えび、裏白《うらじろ》※35などをいっしょに飾《かざ》ります。丸《まる》い餅《もち》は、望《もち》の月《つき》の意味《いみ》で円満《えんまん》を象徴《しょうちょう》し、古鏡《こきょう》（古代《こだい》の丸《まる》い鏡《かがみ》）のように見《み》えるので鏡餅《かがみもち》といわれるようになりました。また、一月十一日《いちがつじゅういちにち》には供《そな》えてあった鏡餅《かがみもち》を汁粉《しるこ》などにして食《た》べます。このとき、刃物《はもの》で切《き》らずに手《て》や木槌《こづち》などで割《わ》るので鏡割《かがみわ》り、または鏡開《かがみびら》きと呼《よ》びます。

橙《だいだい》の一《ひと》つを飾《かざ》りあましけり　名和三幹竹《なわさんかんちく》

鏡餅《かがみもち》暗《くら》きところに割《わ》れて坐《ざ》す　西東三鬼《さいとうさんき》

鏡餅《かがみもち》うしろの正面《しょうめん》畏《かしこ》けれ※36　三橋敏雄《みつはしとしお》

手力男《たぢからお》※37**かくやと鏡開《かがみひら》きけり**　京極杜藻《きょうごくとそう》

松《まつ》に降《ふ》る雨《あめ》うつくしや鏡割《かがみわり》　岩中志《いわなかし》げこ

※35 **裏白《うらじろ》**…33頁《ページ》「歯朶《しだ》」参照《さんしょう》。葉《は》の裏《うら》が白《しろ》いシダ植物《しょくぶつ》。

※36 **畏《かしこ》けれ**…この場合《ばあい》は「おそろしく感《かん》じることだなあ」という意味《いみ》で、神《かみ》をうやまう気持《きも》ちがふくまれています。

※37 **手力男《たぢからお》**…力持《ちからも》ちの神《かみ》さま。

【年賀《ねんが》】正月三《しょうがつさん》が日《にち》に、親戚《しんせき》や知人《ちじん》、友人宅《ゆうじんたく》などを訪問《ほうもん》し、新年《しんねん》のあいさつを交《か》わすことです。年礼《ねんれい》、年始《ねんし》、御慶《ぎょけい》ともいい、年賀《ねんが》の客《きゃく》を賀客《がきゃく》、礼者《れいじゃ》と呼《よ》びます。

年礼《ねんれい》に来《き》し木匠《もくしょう》※38の木《き》の香《か》する　山口誓子《やまぐちせいし》

靴大《くつおお》き若《わか》き賀客《がきゃく》の来《き》て居《い》たり　能村登四郎《のむらとしろう》

どつ《（っ）》と来《き》てどつ《（っ）》と立《た》ち去《さ》る御慶《ぎょけい》かな　山田《やまだ》みづえ

年賀《ねんが》の子《こ》小犬《こいぬ》もらつ《（っ）》て戻《もど》りけり　嶋本波夜《しまもとなみよ》

【年玉《としだま》】正月《しょうがつ》を祝《いわ》ってやりとりする品物《しなもの》のことですが、現在《げんざい》ではもっぱらお年玉《としだま》として子《こ》どもに与《あた》える金品《きんぴん》のことをいうようになりました。もともとは、年神《としがみ》へささげるもの、または賜《たまわ》る（いただく）もののことをいいました。

お使《つか》ひの口上上手《こうじょうじょうず》※39お年玉《としだま》　星野立子《ほしのたつこ》

年玉《としだま》を孫《まご》に貰《もら》ひて驚《おどろ》けり　相生垣瓜人《あいおいがきかじん》

【賀状《がじょう》】新年《しんねん》のお祝《いわ》いを述《の》べたはがきや書状《しょじょう》です。元旦《がんたん》に年賀状《ねんがじょう》を見《み》るのはとてもうれしいものです。

賀状《がじょう》うづ《ず》たかしかのひとよりは来《こ》ず　桂信子《かつらのぶこ》

ねこに来《く》る賀状《がじょう》や猫《ねこ》のくすしより※40　久保《くぼ》より江《え》

※38 **木匠《もくしょう》**…大工《だいく》さんのこと。

※39 **口上《こうじょう》**…声《こえ》に出《だ》してことばで伝《つた》えること。

※40 **くすし**…医者《いしゃ》。この場合《ばあい》は獣医《じゅうい》さん。

【**書初《かきぞ》め**】新年《しんねん》にはじめて書《しょ》や絵《え》をかくことで、そのかいたもののこともいいます。筆始《ふではじ》め、吉書《きっしょ》ともいいます。正月《しょうがつ》二日《ふつか》に行《おこ》なわれます。

花《はな》ひらくかに滲《にじ》みたる吉書《きっしょ》かな　上村占魚《うえむらせんぎょ》
書初《かきぞめ》の筆《ふで》の力《ちから》の余《あま》りけり　稲畑汀子《いなはたていこ》
筆始幼子《ふではじめおさなご》にして大書《たいしょ》※41せり　渡邉秋男《わたなべあきお》

【**仕事始《しごとはじ》め**】新年《しんねん》になって、はじめて仕事《しごと》をすることです。はじめに一年《いちねん》の無事《ぶじ》を祈《いの》る儀式《ぎしき》を行《おこ》なうこともあります。初仕事《はつしごと》ともいい、官公庁《かんこうちょう》では御用始《ごようはじ》めといいます。また、それぞれの仕事《しごと》によって、農業《のうぎょう》はくわ始《はじ》め、林業《りんぎょう》は山始《やまはじ》め、漁業《ぎょぎょう》では漁始《りょうはじ》めなどと呼《よ》びます。

船曳《ふねひ》くを仕事始《しごとはじめ》の男《おとこ》かな　鈴木真砂女《すずきまさじょ》
何《なに》もせず坐《すわ》りて仕事始《しごとはじ》めかな　清水基吉《しみずもとよし》
日《ひ》を洩《も》らす吉野《よしの》の雲《くも》や鍬始《くわはじめ》　加藤三七子《かとうみなこ》
神酒《みき》※42みたす青竹筒《あおだけづつ》や山《やま》はじめ　阿部《あべ》ひろし
紺足袋《こんたび》の底《そこ》のま白《しろ》し初仕事《はつしごと》　武田克美《たけだかつみ》

※41 **大書《たいしょ》**…文字《もじ》を大《おお》きく書《か》くこと。

※42 **神酒《みき》**…神《かみ》にそなえる酒《さけ》。

【初荷《はつに》】新年《しんねん》にはじめて問屋《とんや》や産地《さんち》などから運《はこ》ばれる商売用《しょうばいよう》の荷《に》のことです。新年《しんねん》にふさわしく、荷《に》も車《くるま》も飾《かざ》りたてて、のぼり※43を立《た》てるなどして送《おく》り出《だ》します。昔《むかし》は、馬《うま》で運《はこ》ぶことが多《おお》かったので初荷馬《はつにうま》、飾《かざ》り馬《うま》などの季語《きご》も残《のこ》っています。船《ふね》の場合《ばあい》は、初荷船《はつにぶね》といいます。

おとなしくかざらせてゐ《い》ぬ初荷馬《はつにうま》　村上鬼城《むらかみきじょう》

風《かぜ》が飛《と》ばす仙台訛《せんだいなまり》初荷《はつに》ゆく　山田《やまだ》みづえ

大籠《おおかご》に鯛《たい》の尾《お》あまり初荷舟《はつにぶね》　谷《たに》　迪子《みちこ》

【買《か》い初《ぞ》め】新年《しんねん》に、はじめて買《か》い物《もの》をすることをいいます。正月《しょうがつ》にはデパートなどで福袋《ふくぶくろ》が売《う》りだされます。

買初《かいぞめ》に買《か》ふや七味唐辛子《なないろとうがらし》　石川桂郎《いしかわけいろう》

【春着《はるぎ》】正月用《しょうがつよう》に新《あたら》しくあつらえた晴着《はれぎ》のことです。春著《はるぎ》とも書《か》きます。

一軒家《いっけんや》より色《いろ》が出《で》て春着《はるぎ》の児《こ》　阿波野青畝《あわのせいほ》

膝《ひざ》に来《き》て模様《もよう》に満《み》ちて春着《はるぎ》の子《こ》　中村草田男《なかむらくさたお》

春著《はるぎ》きて孔雀《くじゃく》の如《ごと》きお辞儀《じぎ》かな　上野《うえの》　泰《やすし》

※43 のぼり…細長《ほそなが》いはた。

【獅子舞《ししまい》】正月《しょうがつ》に家々《いえいえ》をまわってくる厄《やく》ばらいの舞《ま》いです。獅子頭《ししがしら》をかぶって二《に》、三人《さんにん》で舞《ま》い、子《こ》どもの健康《けんこう》を願《ねが》って獅子《しし》に頭《あたま》をかませるふりをします。獅子《しし》舞《まい》は、多《おお》くは地域《ちいき》の伝承行事《でんしょうぎょうじ》として行《おこ》なわれ、新年《しんねん》にかぎらず、神社《じんじゃ》の祭礼《さいれい》などで奉納《ほうのう》されますが、昔《むかし》はそれを新年《しんねん》の仕事《しごと》にしている人《ひと》たちもいました。

舞《ま》ひ終《お》へて金色《こんじき》さむし獅子頭《ししがしら》　　三橋鷹女《みつはしたかじょ》

獅子舞《ししまい》や海《うみ》の彼方《かなた》の安房上総《あわかずさ》※44　　五所平之助《ごしょへいのすけ》

【雑煮《ぞうに》】正月料理《しょうがつりょうり》の一《ひと》つで餅《もち》を入《い》れた汁《しる》ものです。関東《かんとう》ではすまし汁《じる》に四角《しかく》い切《き》り餅《もち》、関西《かんさい》では白味噌仕立《しろみそじた》てに丸餅《まるもち》というふうに、地方《ちほう》によってさまざまです。

何《なん》の菜《な》のつぼみなるらん雑煮汁《ぞうにじる》　　室生犀星《むろうさいせい》

立山《たてやま》※45の日《ひ》の出《で》を祝《いわ》ふ雑煮《ぞうに》かな　　金尾梅《かなおうめ》の門《かど》

【くいつみ】正月料理《しょうがつりょうり》を重箱《じゅうばこ》につめたもので、お節料理《せちりょうり》※46のことです。だて巻《ま》き、昆布巻《こぶま》き、数《かず》の子《こ》、煮《に》しめなどをいろどりよくつめます。

喰積《くいつみ》や日《ひ》がいっ《（つ）》ぱいの母《はは》の前《まえ》　　山田《やまだ》みづえ

※44 **安房上総《あわかずさ》**…昔《むかし》の地名《ちめい》で、今《いま》の千葉県《ちばけん》の中央部《ちゅうおうぶ》。

※45 **立山《たてやま》**…立山連峰《たてやまれんぽう》。北《きた》アルプスに連《つら》なる富山県《とやまけん》の山々《やまやま》。

※46 **お節料理《せちりょうり》**…本来《ほんらい》は、正月《しょうがつ》だけでなく、ひなまつりや端午《たんご》などの節句《せっく》のときにつくる料理《りょうり》をいいます。

【七種《ななくさ》】正月七日《しょうがつなのか》には、春《はる》の七草《ななくさ》（若菜《わかな》※47）を入《い》れたかゆを食《た》べる習慣《しゅうかん》があります。このかゆ（七草《ななくさ》がゆ、七日《なのか》がゆ、なずながゆ）を食《た》べると、病気《びょうき》にかからないといわれています。また、昔《むかし》から、はやしことばを唱《とな》えながらまないたの上《うえ》で七草《ななくさ》をたたく（きざむ）風習《ふうしゅう》があり、それを七種《ななくさ》はやす、なずな打《う》つなどといいます。

七草《ななくさ》のはじめの芹《せり》ぞめでたけれ　高野素十《たかのすじゅう》

薺《なずな》打《う》つ細《ほそ》め細《ほそ》めし粥《かゆ》の火《ひ》に　赤松蕙子《あかまつけいこ》

母《はは》のこゑ《え》足《た》して七草《ななくさ》揃《そろ》ひ《い》けり　あざ蓉子《ようこ》

【初湯《はつゆ》】新年《しんねん》になって、はじめて風呂《ふろ》に入《はい》ることで、初風呂《はつぶろ》ともいいます。銭湯《せんとう》では一月二日《いちがつふつか》が初湯《はつゆ》で、この日《ひ》は朝《あさ》から入《はい》れます。

わらんべ※48の溺《おぼ》るるばかり初湯《はつゆ》かな　飯田蛇笏《いいだだこつ》

にぎやかな妻子《さいし》の初湯《はつゆ》覗《のぞ》きけり　小島健《こじまけん》

【初電話《はつでんわ》】新年《しんねん》に、はじめて電話《でんわ》で話《はな》すことです。

待《ま》つ《（っ）》てゐ《い》し初電話《はつでんわ》今《いま》ひびき鳴《な》る　今井千鶴子《いまいちづこ》

初電話梨《はつでんわなし》のつぶての息子《むすこ》より　田中丸《たなかまる》とし子《こ》

※47 **若菜《わかな》**…79頁《ページ》【若菜《わかな》】参照《さんしょう》。

※48 **わらんべ**…わらべと同《おな》じ。子《こ》どものこと。

【かるた】取《と》った札《ふだ》の数《かず》を競《きそ》う、正月《しょうがつ》の遊《あそ》びの一《ひと》つです。小倉百人一首《おぐらひゃくにんいっしゅ》（歌《うた》がるた）や、いろはがるたなどがあります。かるたという語《ご》は、もともとはポルトガル語《ご》です。

加留多《かるた》とる皆美《みなうつく》しく負《ま》けまじく　　高浜虚子《たかはまきょし》

撥《は》ね飛《と》ばす一枚恋《いちまいこい》の歌《うた》がるた　　加古宗也《かこそうや》

【すごろく】正月遊《しょうがつあそ》びの一《ひと》つです。さいころを振《ふ》って出《で》た目《め》の数《かず》だけ進《すす》み、上《あ》がり（最終点《さいしゅうてん》に到達《とうたつ》すること）の早《はや》さを競《きそ》うものです。伝統的《でんとうてき》な絵《え》すごろく、道中《どうちゅう》すごろくのほか、最近《さいきん》では人気《にんき》キャラクターなどを使《つか》ったものがあります。

双六《すごろく》の花鳥《かちょう》こぼるる畳《たたみ》かな　　橋本鶏二《はしもとけいじ》

妹《いもうと》を泣《な》かして上《あ》がる絵双六《えすごろく》　　黛《まゆずみ》　まどか

【福笑《ふくわら》い】紙《かみ》にかかれた輪郭《りんかく》だけのお多福《たふく》（ひたいが高《たか》くほほがふくらんで鼻《はな》の低《ひく》い女性《じょせい》の顔《かお》でおかめともいいます）の顔《かお》の上《うえ》に、目隠《めかく》しをして目鼻口《めはなくち》をのせてゆく遊《あそ》びです。そのでき上《あ》がりのおかしさを楽《たの》しむ正月《しょうがつ》の遊《あそ》びです。

はじめより笑《わら》へる目鼻福笑《めはなふくわらい》　　大橋敦子《おおはしあつこ》

家《いえ》ぢ《じ》ゆ《(ゆ)》うの顔《かお》をあつめて福笑《ふくわら》ひ《い》　　吉川清江《よしかわきよえ》

福笑い

【羽子《はね》つき】正月《しょうがつ》の女《おんな》の子《こ》の遊《あそ》びです。役者絵《やくしゃえ》などがかかれたり、押《お》し絵《え》※49をされた羽子板《はごいた》で、むくろじ※50の黒《くろ》い実《み》に羽根《はね》をつけたもの（羽子《はね》）をついて遊《あそ》びます。一人《ひとり》でつくのを揚《あ》げ羽子《ばね》、二人《ふたり》以上《いじょう》でつき合《あ》うのを追《お》い羽子《ばね》といいます。

大空《おおぞら》に羽子《はね》の白妙《しろたえ》とどまれり　高浜虚子《たかはまきょし》
羽子板《はごいた》の重《おも》きが嬉《うれ》し突《つ》かで立《た》つ　長谷川《はせがわ》かな女《じょ》
落《お》ちてくる雪《ゆき》よりも羽子《はね》ゆるやかに　下村梅子《しもむらうめこ》

【こま】正月《しょうがつ》の男《おとこ》の子《こ》の遊《あそ》びです。こまに長《なが》いひもを巻《ま》き付《つ》けて、投《な》げるようにして回《まわ》し、回《まわ》り続《つづ》ける長《なが》さを競《きそ》ったり、こま同士《どうし》をぶつけあったりします。

独楽《こま》うつやなかに見知《みし》らぬ子《こ》がひとり　村上《むらかみ》しゅら
りんりんと独楽《こま》は勝負《しょうぶ》に行《ゆ》く途中《とちゅう》　櫂《かい》未知子《みちこ》

【初夢《はつゆめ》】元日《がんじつ》の夜《よる》から二日《ふつか》にかけて見《み》る夢《ゆめ》です。「一富士《いちふじ》、二鷹《にたか》、三《さん》なすび」というのが夢《ゆめ》のめでたさの順番《じゅんばん》で、これらの夢《ゆめ》を見《み》ると、いい年《とし》になるといわれています。よい夢《ゆめ》を見《み》るために枕《まくら》の下《した》に宝船《たからぶね》※51の絵《え》をしいて寝《ね》る風習《ふうしゅう》もありました。

初夢《はつゆめ》に大《おお》いなる毬《まり》を貰《もら》ひ《い》けり　阿部《あべ》みどり女《じょ》
初夢《はつゆめ》のなかをどんなに走《はし》つ《（っ）》たやら　飯島晴子《いいじまはるこ》

※49 **押《お》し絵《え》**…厚紙《あつがみ》で作《つく》り、布《ぬの》でくるんで立体的《りったいてき》にした絵《え》。

※50 **むくろじ**…秋《あき》に実《み》がなる落葉高木《らくようこうぼく》。

※51 **宝船《たからぶね》**…宝物《たからもの》などが積《つ》んであり、七福神《しちふくじん》が乗《の》っている帆《ほ》かけ船《ぶね》のことです。

こま

【寝正月《ねしょうがつ》】正月《しょうがつ》を、どこにも出《で》かけないで家《いえ》の中《なか》でゆっくり過《す》ごすこと、または、病気《びょうき》で寝込《ねこ》むことをいいます。

透《す》きとほる葛湯《くずゆ》さみしき寝正月《ねしょうがつ》　中村苑子《なかむらそのこ》
常磐木《ときわぎ》※52の青《あお》さ眼《め》にしむ寝正月《ねしょうがつ》　原《はら》コウ子《こ》

【成人《せいじん》の日《ひ》】一月《いちがつ》の第二月曜日《だいにげつようび》で、国民《こくみん》の祝日《しゅくじつ》です。満二十歳《まんにじゅっさい》を迎《むか》え、成人《せいじん》となった人《ひと》を祝《いわ》う日《ひ》です。一九九九年《せんきゅうひゃくきゅうじゅうきゅうねん》までは一月十五日《いちがつじゅうごにち》に行《おこ》なわれていました。

成人《せいじん》の日《ひ》のストールの中《なか》に顔《かお》　鷹羽狩行《たかはしゅぎょう》
八方《はっぽう》の嶺《みね》吹雪《ふぶき》をり成人祭《せいじんさい》　福田甲子雄《ふくだきねお》

【松納《まつおさ》め】神棚《かみだな》の松《まつ》や門松《かどまつ》を取《と》り払《はら》うことをいいます。一月六日《いちがつむいか》前後《ぜんご》あるいは十《じゅう》四日《よっか》前後《ぜんご》のところが多《おお》いようです。

松《まつ》とれて俄《にわか》に雪《ゆき》の山家《やまが》かな　松根東洋城《まつねとうようじょう》
夕月《ゆうづき》の光《ひかり》を加《くわ》ふ松納《まつおさめ》　深見《ふかみ》けん二《じ》

※52 **常磐木《ときわぎ》**…松《まつ》やひのきなどの常緑樹《じょうりょくじゅ》のこと。

【餅花《もちばな》】豊作《ほうさく》を祈《いの》る小正月《こしょうがつ》の飾《かざ》りもので、柳《やなぎ》やえのきの枝《えだ》に紅白《こうはく》の餅《もち》や団子《だんご》を小《ちい》さく丸《まる》めて花《はな》のようにつけたものです。養蚕《ようさん》※53のさかんな地方《ちほう》では、蚕《かいこ》のまゆの形《かたち》のものをつけたのでまゆ玉《だま》、まゆ団子《だんご》ともいわれます。

氷《こお》るもの氷《こお》り餅花《もちばな》にぎやかに　宇佐美魚目《うさみぎょもく》

天井《てんじょう》に擦《す》りし痕《あと》あり繭《まゆ》団子《だんご》　藺草慶子《いぐさけいこ》

【かまくら】秋田県横手市《あきたけんよこてし》などで行《おこな》われている小正月《こしょうがつ》（一月十五日《いちがつじゅうごにち》）の子《こ》どもの行事《ぎょうじ》です。小高《こだか》く積《つ》み上《あ》げた雪《ゆき》の中《なか》をくりぬいて水神《すいじん》をまつり、明《あ》かりをともして火鉢《ひばち》などで暖《あたた》まりながら、甘酒《あまざけ》を飲《の》んだり餅《もち》を食《た》べたりして夜《よる》を過《す》ごします。

身半分《みはんぶん》かまくらに入《い》れ今晩《こんばん》は　平畑静塔《ひらはたせいとう》

睫《まつげ》は蕊《しべ》かまくらの中《なか》あかあかと　成田千空《なりたせんくう》

【なまはげ】一月十五日《いちがつじゅうごにち》の夜《よる》に行《おこ》なわれる、秋田県男鹿半島地方《あきたけんおがはんとうちほう》の行事《ぎょうじ》です。大《おお》きな鬼《おに》の面《めん》をかぶり、木製《もくせい》の包丁《ほうちょう》や鍬《くわ》などを持《も》った青年《せいねん》たちが「怠《なま》け者《もの》はいないか」などと大《おお》きな声《こえ》でいいながら家々《いえいえ》を回《まわ》り、子《こ》どもたちの健康《けんこう》と幸福《こうふく》を祈《いの》ります。子《こ》どもたちはおそろしがって逃《に》げかくれしながら、はたらき者《もの》になる約束《やくそく》をさせられます。現在《げんざい》は、十二月三十一日《じゅうにがつさんじゅういちにち》の夜《よる》に行《おこ》なうことが多《おお》くなりました。

なまはげにしや《(ゃ)》つ《(っ)》くり止《や》みし童《わらべ》かな　古川芋蔓《ふるかわうまん》

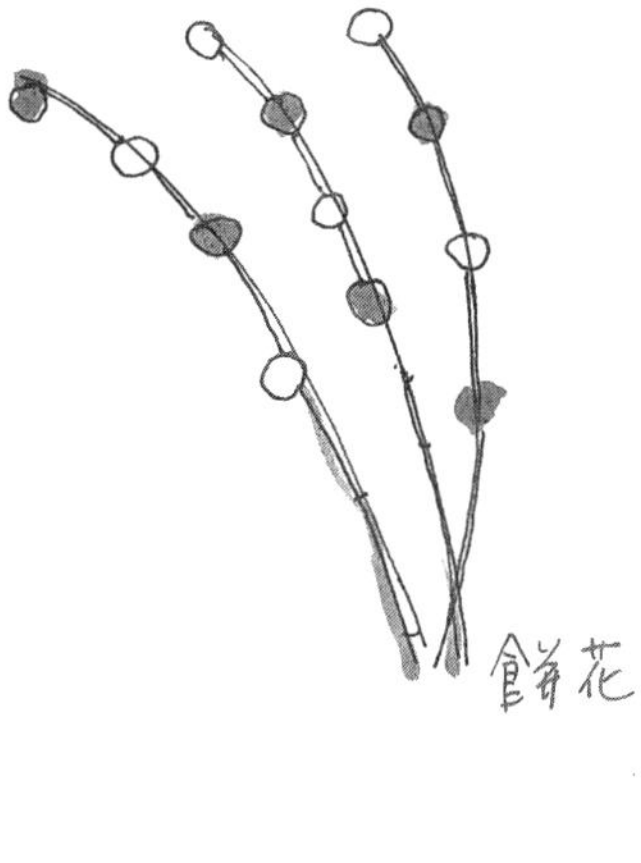

※53　養蚕《ようさん》…絹糸《きぬいと》をとるために蚕《かいこ》を育《そだ》てること。

【左義長《さぎちょう》】一月十五日《いちがつじゅうごにち》に行《おこ》なわれる火祭《ひまつ》りの行事《ぎょうじ》で、とんどまたはどんどともいいます。正月《しょうがつ》のしめ飾《かざ》りや門松《かどまつ》、書初《かきぞ》めの紙《かみ》などを燃《も》やし、その火《ひ》でまゆ玉《だま》や餅《もち》を焼《や》いて食《た》べます。どんどは、そのときのはやしことばからついた呼《よ》び名《な》です。

どんど焼《や》きどんどと雪《ゆき》の降《ふ》りにけり　一茶《いっさ》
左義長《さぎちょう》やまつ《（っ）》くらがりに海《うみ》うごき　岸田稚魚《きしだちぎょ》
どんど火《び》に手《て》が花《はな》びらの子《こ》どもたち　能村登四郎《のむらとしろう》

【初詣《はつもうで》】元日《がんじつ》の朝早《あさはや》く、神社《じんじゃ》やお寺《てら》にお参《まい》りすることをいいます。大《おお》きな神社《じんじゃ》などは大《おお》ぜいの人《ひと》でにぎわいます。

日本《にっぽん》がここに集《あつま》る初詣《はつもうで》　山口誓子《やまぐちせいし》
初詣道《はつもうでみち》の真中《まなか》をゆく楽《たの》し　池内友次郎《いけのうちともじろう》
初詣誘《はつもうでさそ》ひし人《ひと》の皆来《みなき》たり　星野立子《ほしのたつこ》

【初雀《はつすずめ》】元日《がんじつ》に見《み》かける雀《すずめ》のことです。いつも目《め》にする雀《すずめ》ですが、年《とし》が明《あ》けてはじめて聞《き》く雀《すずめ》の声《こえ》には生《い》き生《い》きとしたひびきが感《かん》じられ、姿《すがた》まで新鮮《しんせん》に見《み》えます。

初雀翅《はつすずめつばさ》ひろげて降《お》りにけり　村上鬼城《むらかみきじょう》
初雀飛《はつすずめと》び翔《た》つことをすこしする　加倉井秋《かくらいあき》を

【初鴉《はつがらす》】元日《がんじつ》にはじめて鳴《な》き声《ごえ》を聞《き》き、姿《すがた》を見《み》る鴉《からす》のことです。新年《しんねん》を迎《むか》えたばかりのあらたまった心《こころ》にひびく鴉《からす》の声《こえ》は、めでたいものに聞《き》こえます。

初鴉面《はつがらすおもて》※54を上《あ》げて鳴《な》きにけり　皆川盤水《みながわばんすい》

よそゆきのふくをもたないはつがらす　吉村公太朗《よしむらこうたろう》（小3）

【福寿草《ふくじゅそう》】縁起《えんぎ》のよい名《な》まえなので、お正月《しょうがつ》の飾《かざ》りとして使《つか》われる草花《くさばな》です。寒《さむ》さがまだきびしく花《はな》の少《すく》ない時期《じき》に、菊《きく》に似《に》た黄色《きいろ》い花《はな》を咲《さ》かせます。

日《ひ》のあたる窓《まど》の障子《しょうじ》や福寿草《ふくじゅそう》　永井荷風《ながいかふう》

福寿草《ふくじゅそう》家族《かぞく》のごとくかたまれり　福田蓼汀《ふくだりょうてい》

【若菜《わかな》】七草《ななくさ》がゆ※55（一月七日《いちがつなのか》に食《た》べるかゆ）に入《い》れる野草《やそう》で、春《はる》の七草《ななくさ》（せり、なずな、ごぎょう、はこべら、ほとけのざ、すずな、すずしろ）のことです。まだ寒《さむ》さのきびしいころに芽吹《めぶ》いた若菜《わかな》を食《た》べると病気《びょうき》をしないといわれています。正月《しょうがつ》の六日《むいか》には若菜摘《わかなつ》みをします。

籠《かご》の目《め》に土《つち》のにほひや京若菜《きょうわかな》　大須賀乙字《おおすがおつじ》

草《くさ》の戸《と》に住《す》むうれしさよ若菜摘《わかなつみ》　杉田久女《すぎたひさじょ》

※54 **面《おもて》**…顔《かお》のこと。

※55 **ごぎょう**…ハハコグサ。**はこべら**…ハコベ。**ほとけのざ**…コオニタビラコ。**すずな**…カブ。**すずしろ**…ダイコン。

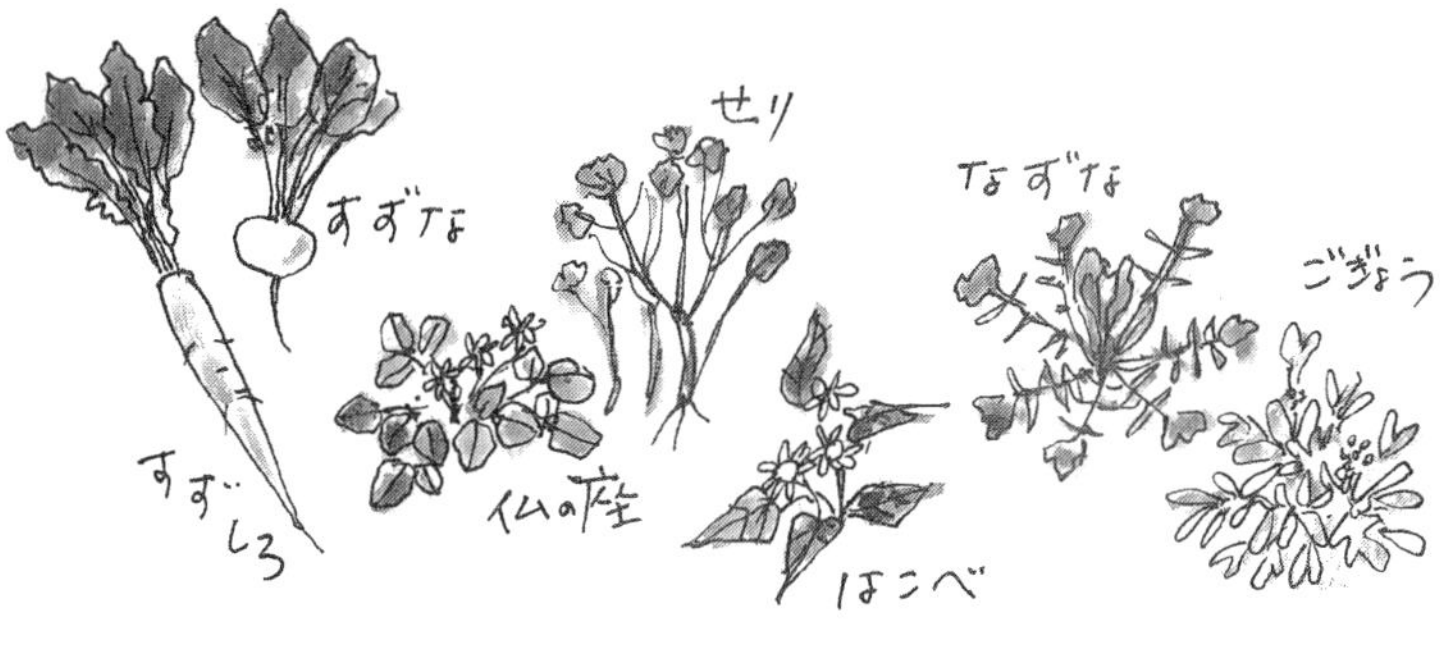

春の七草

読者《どくしゃ》のみなさんへ

俳句《はいく》は、わずか十七音《じゅうななおん》ほどでつくられる文芸作品《ぶんげいさくひん》です。その多《おお》くは、五《ご》音《おん》・七音《ななおん》・五音《ごおん》の調《しら》べを持《も》った文節《ぶんせつ》で構成《こうせい》され、季節《きせつ》を表《あらわ》すことば「季語《きご》」を入《い》れてつくられます。

また、「文語《ぶんご》」という古《ふる》い文体《ぶんたい》で表現《ひょうげん》されることが多《おお》いので、少《すこ》し難《むずか》しく感《かん》じられるかもしれません。

この『新《しん》俳句《はいく》・季語事典《きごじてん》』では、「季語《きご》」をわかりやすく、身近《みぢか》に感《かん》じられるように解説《かいせつ》し、その季語《きご》を使《つか》った俳句《はいく》(例句《れいく》といいます)には、名句《めいく》としてよく知《し》られた作品《さくひん》や、読《よ》む人《ひと》が共感《きょうかん》できるものを選《えら》ぶように心《こころ》がけました。それらの俳句《はいく》は、たとえ、今《いま》読《よ》んでわからなくても、いつかすんなりと心《こころ》に入《はい》ってくることでしょう。

俳句《はいく》は、日々《ひび》の暮《くら》しの中《なか》で、季節《きせつ》の小《ちい》さな変化《へんか》に気《き》づいて、はっとしたり、おやっと思《おも》ったりしたことを書《か》きとめるものです。忘《わす》れないうちに、ほんのちょっと立《た》ち止《ど》まって、短《みじか》い日記《にっき》を書《か》くように、また一枚《いちまい》のスケッチや写真《しゃしん》に残《のこ》すような気持《きも》ちで、五七五《ごしちご》にまとめてみませんか。

そのとき、何《なに》かぴったりとした季語《きご》がないかどうか、ぜひこの本《ほん》で探《さが》してみてください。

石田《いしだ》郷子《きょうこ》

冬・新年／俳人索引

冬・新年の季語索引

●監修：山田みづえ（やまだ・みづえ）

宮城県仙台市生まれ。父・山田孝雄は国語学者。1957年、石田波郷に師事する。1968年、第14回角川俳句賞受賞、1976年、第15回俳人協会賞受賞。1979年、「木語《もくご》」創刊（2004年終刊）。句集に『忘』『手甲』『木語』『草譜』『味爽《まいそう》』『中今』など多数。2013年没。

●著：石田郷子（いしだ・きょうこ）

東京都生まれ。父・石田勝彦、母・いづみは、ともに石田波郷に師事した俳人。1986年、山田みづえに師事。1996年、俳人協会新人賞受賞。2004年、「椋」創刊、著書に、句集『秋の顔』『木の名前』『草の王』『今日も俳句日和 歳時記と歩こう』『季節と出合う 俳句七十二候《しちじゅうにこう》』、編著に、石田いづみ句集『白コスモス』、細見綾子句集『手織《ており》』、監修に『美しい「歳時記」の植物図鑑』など。俳人協会会員、日本文藝家協会会員、椋俳句会代表、星の木同人。
現在は、自然豊かな埼玉県・奥武蔵の谷あいに住み、自宅を山雀亭《やまがらてい》と名づけて、山里での暮しを諷詠《ふうえい》している。作句信条は「自分自身に嘘をつかないこと」。
椋俳句会 http://www.muku-haikukai.com/

新 俳句・季語事典 —— ④ 冬・新年の季語入門

2020年7月30日 初版 第1刷発行

著者◆石田郷子
監修◆山田みづえ
執筆協力◆藺草慶子・海津篤子・津高里永子・長嶺千晶・山田（川島）葵

企画編集◆岡林邦夫
写真◆内堀たけし・岡林邦夫
挿画◆天野真由美

発行◆株式会社 国土社
〒101-0062 東京都千代田区神田駿河台2-5
電話：(03)6272-6125／FAX：(03)6272-6126

印刷◆株式会社 厚徳社
製本◆株式会社 難波製本

NDC911 ISBN978-4-337-16414-7 C8392